Dream Journal

권
_____

드림 저널

나를 변화시키는 100일의 꿈 일기

김서영 지음

로고폴리스

Dream Journal

Part 1   꿈, 내 무의식의 방

Part 2   꿈과의 대화

Part 3   꿈 일기, 나에 관한 백 가지 이야기

지금 기분이 어떠세요? 꿈 일기를 시작하는 오늘의 기분 날씨를 표시해보세요. 100일의 꿈 일기를 다 쓴 후 내 기분 날씨는 어떻게 변할까요? 기억하고 싶은 중요한 일들(방 정리, 핸드폰 연락처 정리, 운동, 이사, 새 친구, 화해, 연애 등)이 생기면 꼭 함께 기록하세요. 그리고 기억하고 싶은 대표 꿈도 하나 적어두세요. 기억하고 싶은 꿈속 인물도요. 이 기록들은 여러분이 힘들 때 쓸 수 있는 에너지 저장고 역할을 해줄 겁니다.

시작일	년	월	일	기분 날씨 ☀ ○○○○○ ☁
종료일	년	월	일	기분 날씨 ☀ ○○○○○ ☁

− 기억하고 싶은 일들 −

-                                     (쪽)
- (쪽)
- (쪽)

− 기억하고 싶은 꿈 −

- (쪽)
- (쪽)

− 기억하고 싶은 꿈 인물 −

- (쪽)
- (쪽)

'나에게 필요한 것'에는 '성숙', '사랑' 등 내가 마음에 품고 싶은 단어를 써봅시다. '나와의 약속'에는 '화내지 않기', '하루에 한 시간씩 운동하기', '굶지 않기', '폭식하지 않기' 등 자신과 약속하고 싶은 일들을 쓰면 되겠죠. '의미 있는 변화' 부분은 꿈 일기를 다 쓴 후 작성하세요. 이번 권을 쓰는 동안 내 삶 속에서 경험한 의미 있는 변화들을 쓰면 됩니다. 한 번도 바다를 보지 못한 사람이 '바다를 보다'라고 쓸 수 있다면 그건 엄청난 변화일 거예요. 모든 변화는 다 대단한 일입니다. 아주 작게 느껴져도 무언가 내 삶 속에서 변화했다는 것은 내 삶이 바뀌었다는 뜻이니까요. 한 번도 무언가를 소중히 간직해본 적 없는 사람이 뭔가를 모으기 시작했다면, 그것 역시 매우 치유적인 변화입니다. 버리는 것을 힘들어하던 사람이 필요 없는 것을 버리고 방을 정리했다면 이 역시 굉장한 변화죠. 꿈과의 대화를 통해 삶의 변화를 만들어보세요.

꿈 일기를 시작하며

● 나에게 필요한 것

  –

● 나와의 약속

  –

  –

  –

꿈 일기를 마치며

● 의미 있는 변화

  –

  –

● 앞으로 하고 싶은 일들

  –

  –

  –

나를 아는 첫걸음, 꿈 일기 쓰기

　지난 반년 동안 김서영 선생님과 저는 한 주에 한 번씩 만나 함께 꿈 이야기를 나누었습니다. 신기하게도 꿈 분석을 하면서 자주 꿈을 꾸게 되었습니다. 어떤 날은 잠을 자다가 일어나서 비몽사몽 꿈을 적기도 하고, 아침에 일어나서 꿈을 잊지 않기 위해 중얼중얼 꿈을 되뇌기도 했습니다. 처음에는 꿈의 줄거리를 파악하기도 어렵고 메시지도 잘 찾지 못했지만, 꿈 분석에 익숙해지면서 점차 꿈이 나에게 전하는 메시지와 이야기를 자연스럽게 깨닫게 되었습니다. 깨어서 생활할 때는 몰랐던 내 모습도, 그리고 정말로 생각지도 못했던 숨겨진 내 모습도 꿈 분석이 진행되면서 점차 그 윤곽이 뚜렷해졌습니다. 어떤 날은 최근 10년 동안 한 번도 못 본 옛 친구의 모습을 한 내가 꿈에 등장해 그 친구와 나의 공통점이 무엇일까를 생각하며 하루를 보내기도 했습니다.

　꿈 분석은 생각보다 어렵지 않았습니다. 매번 다른 장소와 다른 등장인물이 나타나지만 꿈이 하는 이야기들은 아주 일관적인 메시지를 갖고 있었습니다. 또한 꿈에서 나는 여러 종류의 사람과 사물로 등장하지만 공통적인 모습은 아주 비슷하게 나타나고 있었습니다. 가끔

꿈이 전하는 메시지를 몰라 머리를 꺄우뚱하고 있으면 옆에서 내 꿈을 함께 들어주던 선생님이 자신이 발견한 메시지를 전달해주기도 했습니다. 그렇게 꿈을 따라 정리를 하며 꿈이 하는 이야기를 따라가다 보니 나에 대해 좀 더 많은 것들을 알 수 있었습니다.

　자신을 좀 더 이해하고 새로운 가능성을 발견할 수 있는 방법을 알면 인생을 다르게 살 수 있습니다. 그리고 그러한 방법이 가능하면 쉽게 풀이되고, 그것을 많은 사람이 접할 수 있게 되기를 늘 희망해왔습니다. 이 책이 많은 분들에게 꿈 분석의 쉬운 지침서가 되기를 바랍니다. 그리고 꿈 일기를 통해 독자들이 자신의 진짜 모습을 발견하고 자신을 좀 더 깊이 이해할 수 있게 되기를 진심으로 소망합니다.

2017년 11월

이상희(광운대 산업심리학과 교수)

오늘 밤 꿈으로 미래를 꿈꾸다

　지금까지 꿈 분석을 주제로 두 권의 책을 썼습니다.《내 무의식의 방》은 대중을 위한 꿈 분석 해설서였고,《프로이트의〈꿈의 해석〉》은 중·고생을 위한 꿈 분석 해설서였습니다. 그런데 안타깝게도, 책을 읽었지만 실제로 꿈을 분석하는 건 너무 어렵다는 독자들의 이야기를 자주 들었습니다. 그래서 이번 책은 처음 꿈 일기를 쓰는 사람도 쉽게 자신의 꿈을 분석할 수 있도록 구성해보았습니다.

　우선 첫 번째 파트에서는 꿈 일기가 무엇인지 간략하게 설명하고, 앞으로 내 꿈의 재료가 될 수 있는 멋진 기억, 경험, 자료들을 모을 수 있는 공간을 마련했습니다. 두 번째 파트에서는 꿈 분석을 위한 각 항목들 - 꿈 내용, 꿈의 키워드, 꿈의 배경 등 - 에 대해 최대한 자세히 설명했습니다. 그리고 마지막 세 번째 파트에는 여러분이 직접 꿈 일기를 써볼 수 있는 꿈 일기장을 넣었습니다. 꿈 일기장 오른쪽 상단의 짧은 글귀들은 제가 꿈에 대해 명상하며 마주친 생각들입니다. 꿈 분석이 잘 안 될 때 가벼운 마음으로 읽어보시면 도움이 될 겁니다.

　근본적인 분석의 방법론으로는 프로이트의 정신분석학과 융의 분석심리학을 이용했습니다. 분석과 해석이라는 단어가 나오는데, 꿈 분석은 꿈의 내용을 하나씩 뜯어서 살펴보는 과정을 뜻하고, 꿈 해석은 그렇게 분석한 내용의 의미에 대해 생각해보는 과정을 말합니다. 예를 들어 설명할게요. 마지막 버스를 놓친 꿈의 경우, 우선 이 내용에서 연상되는 이야기들을 적어봅시다. 마지막 버스를 놓쳤다 ☞ 막차를 놓쳤다 ☞ 막차 = 다시는 기회가 오지 않는다는 뜻 ☞ 남자친구랑 헤어지고 한 생각이다.

막차를 이렇게 설명해가는 게 바로 분석입니다. 해석은 그 의미를 생각해보는 거죠. '아, 남자친구랑 헤어지고 막차가 떠났다는 생각을 했었지.' 이게 해석입니다. 지금 상황을 그렇게 해석하고 있다면 많이 힘들겠네요. 그런데 꿈이 그런 이미지를 보여준 건 할 말이 더 있기 때문이랍니다. 버스는 내일도, 모레도, 아침이면 어김없이 오게 되어 있죠. 항상 다음 날 '첫차'라는 게 있잖아요. 해석은 무한히 뻗어나갈 수 있어요. 분석과 해석은 이렇게 모두 꿈을 이해하는 과정입니다.

이 책은 이론적인 지식보다는 실천을 목적으로 쓰인 책입니다. 부디 이 책을 통해 100일 동안 자신의 꿈과 대화하며 여러분들 내면에 있는 가장 아름다운 이야기들을 다시 만나고, 멋진 미래를 꿈꾸게 되길 진심으로 소망합니다.

2017년 11월

김서영(광운대 인제니움학부대학 교수)

Part 1

꿈, 내 무의식의 방

진짜 나를 만나다

꿈 일기란

꿈 일기란 내가 꾼 꿈을 적고 그 내용을 분석해 기록하는 과정입니다. 왜 꿈을 분석해야 할까요? 꿈이 나 자신에 대해 매우 잘 알고 있기 때문이랍니다. 세상에 의미 없는 꿈은 없습니다. 꿈은 내 삶에 대한 어떤 이야기를 하고 있죠. 내 마음속에 없는 것은 꿈에 나타날 수 없답니다. 언젠가 내가 본 것, 텔레비전에서 봤던 이미지, 책에서 읽은 내용은 모두 꿈의 재료가 됩니다. 물론 그중 가장 중요한 것은 내 삶의 태도와 내 기억들입니다. 내가 살아온 바로 그 방식, 내가 항상 반복해 느껴온 그 느낌, 익숙한 삶의 태도는 반드시 꿈에 반영됩니다. 꿈속 인물이 그런 방식으로 행동할 테고, 그렇게 말할 겁니다. 물론 특정 장면들에 대한 기억도 주재료로 사용되죠. 그 이야기들이 최근의 자극과 뒤섞여 꿈을 만든답니다. 자극이 되지 않는다면 절대로 꿈에 나타나지 않아요.

내 꿈을 방문한 이미지와 단어와 인물들은 모두 우리에게 어떤 이야기를 하고 있습니다. 꿈 일기는 나와 내 마음이 소통하는 나만의 놀이터입니다. 내 꿈은 나의 가장 친한 친구예요. 나에 대해 가장 잘 알고 있는 친구이기도 합니다. 내가 분노로 폭주하고 있을 때 친구는 내게 가장 필요한 조언을 해주죠. 내가 행복의 눈물을 흘릴 때 친구는 함께 기뻐해줍니다. 내가 나 자신에게 실망할 때 친구는 나를 믿는다고 말합니다. 내가 좌절할 때 친구는 나를 위로하죠. 내가 미친

짓을 할 때 친구는 내 어깨에 팔을 두르고 이건 네 모습이 아니라고 말해줍니다. 그 친구가 바로 꿈입니다. 꿈 일기를 통해 진정한 나 자신의 모습을 찾고, 미래를 꿈꾸며, 변화된 삶을 향해 나아가게 되길 바랍니다.

⟩ 꿈 일기는 왜 써야 할까 ⟨

꿈 일기를 쓰는 첫 번째 목적은 몸과 마음의 건강을 회복하고, 미래를 위한 긍정적인 에너지를 지키기 위해서입니다. 규칙이 무너진 삶, 산책도 하지 않고 더 이상 햇빛도 안 보고 사람도 만나지 않는다면, 웅크리고 있는 내면의 나를 찾아 손을 잡아주어야 합니다. 시작은 꿈과 대화하는 것입니다. 내 안에는 나의 여러 분신들이 함께 살고 있어요. 나를 만든 그 조각들 하나하나가 다 온전한 인물들이라고 생각해 보세요. 그중 성숙한 역할을 하는 조각이 있을 테고, 어리광이 많은 친구도 있겠죠. 그런데 웅크려 굳어버린 조각 하나가 부정적인 에너지를 키우면, 다른 조각들이 그 어둠에 가려 보이지 않게 되기도 합니다. 그럴 때 그 조각들의 총합인 나 자신도 함께 긍정적인 힘을 잃게 되죠. 이럴 때는 내면에 존재하지만 어둠 뒤에 가려진 조각들을 찾아야 합니다.

꿈 일기는 내가 수많은 내면의 인물들을 만나는 장소입니다. 일단 내가 긍정적인 분신들을 만나 둘이나 셋이 되면, 함께 일상의 규칙들을 다시 세우기가 쉬워집니다. 나를 제일 잘 아는 친구의 목소리를 들어보세요. 건강한 삶을 위해 내 꿈속 친구는 제일 먼저 삶의 규칙성을 회복하라고 조언할 겁니다. 물론 우리는 꿈속에서 그 웅크린 친구를 만나 그의 사연을 들어보기도 할 겁니다. 우선 늘 내 걱정을 하는 친구의 손을 잡고 한 걸음 걸어볼까요? 친구는 내가 밥을 제때 먹었는지, 운동을 했는지, 잠을 제시간에 잤는지 챙겨줄 거예요. 친구는 내 삶의 균형이 무너진 부분에 다가가 무릎을 꿇고 앉아 웅크린 내 분신을 조용히 안아줄 겁니다.

﹛꿈 일기, 어떻게 쓸까?﹜

- 핸드폰에 녹음기 어플을 다운받으세요.
- 가까운 곳에 핸드폰을 두고 주무세요.
- 아침에 일어나자마자 꿈이 생각나면 바로 녹음하세요.
- 하루 중 잠시 짬이 날 때 녹음된 내용을 들으면서 받아 적어보세요. 양손이 자유롭도록 이어폰을 사용해서 한 문장씩 들으며 적으면 편해요.

◆ **꿈 내용 / 꿈 그림**

꿈 내용을 적어보세요. 잘 떠오르지 않으면 기억나는 부분만 적으세요. 말로 설명하는 것보다 그림으로 더 잘 표현되는 내용이라면 그림을 그리세요.

◆ **인상적인 장면**

꿈에서 특히 선명하게 기억나는 부분이나 강한 감정을 불러일으킨 장면을 적어보세요.

◆ **등장인물**

꿈에 나온 사람을 적어보세요. 나만 나오는 꿈도 있고 등장인물이 많은 꿈도 있습니다. 누가 나왔는지 써보고, 각각의 등장인물들에 대해 설명해주세요.

◆ **꿈의 키워드**

꿈을 요약하는 단어나 핵심 문장을 적어보세요. 예를 들어 하늘을 나는 꿈은 '비상' 또는 '하늘을 날다'라고 쓰면 됩니다.

◆ **질문**

꿈에서 이상했던 부분이 있으면 적어보세요.

◆ 꿈의 중요도에 따라 별점을 주세요.

01
☆☆★☆☆

날짜	시 AM PM	기분 날씨 ☆ ○○○○○
꿈 내용 / 꿈 그림		

◆ **중심 오브제**

인물 이외에 기억나는 동물과 사물을 적어보세요.

인상적인 장면

등장 인물   중심 오브제

꿈의 키워드   질문

◆ **꿈의 배경**

어제 있었던 일, 요즘 내가 계속 생각하는 일을 적어보세요. 오늘 꼭 챙겨야 하는 일, 기억해야 하는 일도 적으세요. 요즘 내가 잘 살고 있는지, 내 몸과 마음이 편안한지도 생각해보세요.

◆ **꿈 해석하기**

꿈이 무슨 말을 하는지 이해하려면 꿈과 관련하여 떠오르는 것들을 모두 적어보는 '연상 게임'을 해야 합니다. 깊이 생각하지 말고 바로 떠오르는 것들을 자유롭게 적어보세요. 그리고 그 생각들을 꿈의 내용과 비교해보세요. 꿈이 의미하는 것은 무엇일까요?

◆ **꿈의 메세지**

꿈이 내게 뭐라고 조언하나요? 상한 음식을 먹으면 토하고, 더우면 땀을 흘리고, 재미있는 농담을 들으면 웃듯이, 꿈도 우리 정신의 상태에 따라 다르게 반응을 한답니다. 꿈의 이야기를 잘 들으면 내 상태가 어떤지, 몸과 정신의 균형과 조화를 위해 내가 어떻게 해야 하는지 알 수 있어요.

◆ **실천 계획**

꿈을 해석하고 꿈의 조언을 이해했다면 그다음 단계는 그 조언에 따라 행동하는 것입니다. 현재를 바꾸는 거죠. 꿈의 조언에 따라 내가 내 행동에 변화를 가져올 때 비로소 오늘의 꿈 일기가 완성됩니다.

꿈은 그리운 이들이
나를 방문하는 공간이다

꿈의 배경

꿈 해석하기

꿈의 메세지

실천 계획

꿈 일기 예시

01

★★★★☆

날짜 2017. 11. 4 7시 AM/PM   **기분 날씨** ☀ ○○○☂○

꿈 내용 / 꿈 그림

여행을 하는 것 같았는데, 갑자기
집에 뭔가를 두고 왔다는 것이 생각났다.
집으로 돌아가는데 그동안
버스를 놓치면 어쩌나 걱정한다.

인상적인 장면

버스를 놓칠 것 같아서 너무 걱정이 됐다.

등장 인물

나: 불안하다.
계속 걱정을 한다.

중심 오브제

집, 버스

꿈의 키워드

여행 / 난 사실 여행을 잘 안 가는데…

질문

얼굴 방향. 왜 집으로 돌아가면서 내내
버스 정류장 쪽을 바라보고 있었지?

꿈은 나를 나 자신보다 더 잘 아는 내 '절친'이다.

꿈의 배경

요즘 좀 지친다. 계속 피곤하고 잠도 잘 못 잔다. 집, 회사, 집, 회사… 신나는 길이 하나도 없다. 자꾸 사내 등산 동호회에 들라고 하는데 다 귀찮다.

꿈 해석하기

1.여행 : 얼마 전 잡지에서 설악산 단풍 사진을 봤다 → 설악산으로 수학여행을 갔었는데… 진짜 재밌었어! 그게 마지막 등산이었네…

2.집에 뭔가를 두고 왔다 : 그게 그렇게 중요한 건 아니었던 것 같다.
사실은 그냥 갔어도 되는데.

3.집으로 돌아가는데 : 지난 주에 두번 연속으로 핑계를 대고 회식을 빠졌다. 이틀 모두 그냥 집에 가서 쉬었다.

4.버스가 떠나버리면 어떻게 하나 걱정한다 :
버스 > 집 이상하다. 버스를 놓칠까 봐 정말로 걱정을 하고 있네.
집에 혼자 있지 말고 사람들이랑 어울리라는 말일까?

꿈의 메세지

와, 재밌다. 나는 요즘 그냥 다 귀찮은데, 꿈속의 나는 여행을 하고 싶어 한다.
집으로 돌아가고 싶은 게 아니네. "넌 여행을 하고 싶어해!"

실천 계획

분명히 버스 정류장을 바라보고 있었어. 버스를 타고 여행을 떠나야 해.
다음 주에 회사 동료들이 등산을 간다고 했는데… 한번 같이 가볼까?

기억의 보물 상자

꿈 일기를 시작하기 전, 소중한 기억들을 항목별로 정리하는 작업을 하면 좋습니다. 긴 여정을 잘 완수하기 위해 비축하는 식량이라고 보면 됩니다. 지금부터 내 기억의 보물 상자를 만들어볼까요?

내가 좋아하는 것들

책, 작가, 음악, 영화, 웹툰, 음식, 장소, 색깔 등을 써주세요.

....

....

....

....

....

....

....

....

기억하고 싶은 글들

노랫말, 시, 책 구절 등을 써주세요.

....

....

....

....

....

....

....

....

....

....

....

....

기분이 좋아지는 사진 · 그림

기억에 남는 여행지 표시하기

Part 2

꿈과의 대화

꿈에 관한 질문들

저는 꿈을 안 꿔요

정신분석학의 창시자인 지그문트 프로이트는 《꿈의 해석》이라는 책을 시작하며 이 질문에 이렇게 답했습니다. "꿈 분석을 시작하면 꿈을 더 자주, 더 길게 꾸게 된답니다." 꿈 일기를 쓰기 시작하면 꿈을 더 자주 꾸고 꿈 내용도 더 길어질 겁니다. 저도 처음에는 꿈 내용이 몇 줄 쓸 정도밖에 안 됐는데, 나중에는 A4 용지 한 장 이상의 소설이 나오는 바람에 받아 적느라 고생을 했어요.

꿈이 전혀 기억나지 않아요

일어나자마자 기록을 하면 생각보다 자신이 꿈을 자주 꾸고 있다는 걸 알게 될 겁니다. 밤에 잠깐 깼을 때 꿈이 생각나거든 얼른 녹음기에 녹음해두고 다시 잘 수도 있어요. 아침에 눈을 뜨면 꿈에 대한 기억이 없는데 밤사이 꾼 꿈 내용이 녹음되어 있기도 하답니다. 들어보면 아주 재미있죠. 제 목소리가 아니더군요. 가만히 듣다보면, 그 장면이 딱 떠올라요. '아, 그 집, 그 문, 아, 그 사람을 봤었지…' 하게 된답니다. 가끔은 한마디도 못 알아들어서 지워야 할 때도 있어요. 비몽사몽 중이었던 거죠.

흐릿한 이미지만 떠올라요

프로이트는 "한 조각의 이미지나 단어 하나에 책 한 권을 쓸 만큼 많은 정보가 담겨 있다"고 말해요. 연상을 이어가다 보면 그 이미지 하나가 책 한 권 분량의 이야기를 담고 있었다는 걸 알게 된답니다. 프로이트는 이런 현상을 '압축'이라고 불렀어요. 단어 하나, 이미지 한 조각에 우리의 삶이 압축되어 있는 거죠. 다리 하나가 없는 책상이 나왔다면 그건 무슨 뜻일까요? 이야기를 시작하고 풀어가다 보면 몇 장을 훌쩍 넘겨 기록하게 된답니다.

꿈 해석이 너무 어려워요

물론 처음 꿈을 해석할 때는 어렵습니다. 그런데 연상을 이어가며 꿈에 대해 명상을 하다보면, 나중엔 꿈을 꾼 즉시 꿈의 내용을 통해 현재의 내 상태를 이해하게 된답니다. 해석한 후 바로 '그렇다면 … 를 해봐야지' 하고 결심하며 변화를 위한 행동을 시작할 수도 있어요. 지금은 시작하려니 막막한 느낌이 들죠? 처음이 제일 어려울 거예요. 놀이처럼 생각하고 꿈 내용에 대해 가볍게 연상을 시작하세요. 하다보면 점점 분석이 세련되고 정교해질 겁니다. 위에 언급된 다리 하나 없는 책상의 경우, 연상을 시작하면 별 이야기가 다 나온답니다. 프로이트는 그렇게 나온 이야기들도 모두 중요하다고 말해요. 꿈과 관련해서 내가 연상한 내 이야기니까요. 다리 하나 없는 책상에 대해 "너무 불안해 보였어요"라고 말할 수도 있고, "다리 하나를 장작으로 이용했나봐요"라고 연상을 이어가는 사람도 있겠죠. 같은 꿈이라도 연상에 따라 그 분석과 꿈의 의미가 달라집니다. 꿈 분석은 언제나 자신의 이야기와 감정과 기억을 토대로 진행됩니다. 그래서 꿈 분석은 항상 '이기는 게임'이랍니다. 어떻게 해석해도, 어떤 이야기가 나와도 모두 내 마음과 관련된 것이거든요.

꿈을 오랫동안 못 꿨어요

답답해하거나 걱정하지 마세요. 꿈 일기는 의무나 숙제가 아니랍니다. 그렇게 생각하면 부담이 될 수 있어요. 놀이처럼 즐기세요. 꿈이 여러분을 찾아가면, 그때 꿈과 대화하면 돼요. 꿈의 재료를 열심히 만들면서 꿈을 기다려보세요. 내가 만난 모든 사람, 내 모든 감정, 내가 경험한 모든 것이 다 꿈의 재료랍니다.

만약 너무 오래 꿈을 안 꾸고 있다면, '내가 꾸고 싶은 꿈'을 써보는 것도 좋아요. 이야기에는 등장인물이 필요하겠죠? 내가 만나고 싶었던 인물들을 한번 창조해보세요. 내 마음에 들지 않는 꿈 하나를 찾아서, 그 꿈을 내가 원하는 대로 바꾸어 창작해볼 수도 있답니다. 문제가 되는 부분을 바꾸어보세요. 어떻게 바꾸고 싶은지, 왜 그렇게 바꾸고 싶은지 생각해보고 그 이유도 함께 적어보세요.

꿈은 미래를 예견하나요?

프로이트는 《꿈의 해석》에서 꿈에 나타난 미래는 언제나 우리의 과거를 닮았다고 말합니다. 우리 삶의 재료들로 만들어진 과거의 순간들이 미래를 준비해가고 있다는 뜻이죠. 꿈은 우리가 자주 하는 일, 익숙한 습관, 우리만의 특성을 보여줍니다. 그리고 그 특성들이 준비하는 미래도 보여주죠. 그러나 꿈은 '반드시 그렇게 될 것이다'라고 말하지는 않아요. 그것에 대해 전혀 생각하지 않고 그냥 흐르는 대로 변화 없이 흘러가면 '그렇게 될 것'이라는 걸 보여주는 거죠.

언제나 출구가 있다는 걸 잊지 마세요. 꿈에 나오는 인물들은 모두 내 마음속 어떤 부분을 뜻하는 상징들로 현실의 그 인물을 의미하지 않는 경우가 많습니다. 그 인물과 관련한 악몽이 실현되면 어쩌나 걱정할 때가 있는데, 프로이트는 그런 걱정을 할 필요가 없다고 명확히 말합니다. 꿈에 나온 그 사람은 꿈이 말하고 싶은 이야기를 전달하기 위해 재료로 선택한 인물 상징일 뿐입니다. 그러니 그 사람에게 정말 나쁜 일이 생길까 봐 걱정할 필요 없습니다. 그보다는 그 사람이 맡은 역할이 내게 무엇을 말하고 있는지를 생각해봐야 합니다. 그 장면이 내 현재의 모습을 어떻게 보여주고 있는지 명상해봐야 해요. 그렇게 하면 현재의 나를 바꾸고 미래 나에게 닥칠 재난도 예방할 수 있죠.

예지몽은 실제로 가능한가요?

그렇습니다. 프로이트는 텔레파시와 같이 우리가 설명할 수 없는 신비한 부분이 인간 내면에 분명히 존재한다고 말합니다. 그런 부분이 있죠. 그러나 그것에 대해 분석할 수 있다면 그건 더 이상 '신비'가 아니겠죠? 사랑을 정확히 조제하는 화학 공식이 없듯이, 이와 같은 신비는 합리적으로 설명할 수 없어요. 그 신비로움이 우리 꿈을 찾아와줄 때, 우리가 그 신비를 느낄 수는 있지만 그것에 대해 과학적으로 분석할 수는 없습니다. 그래서 프로이트는 우리 삶 속의 신비한 영역을 긍정하지만 그것에 대해 말하지는 않습니다. 그 대신 일단 분석 가능한 것을 먼저 열심히 분석하며 우리 자신을 단련하자고 말합니다. 이것이 신비를 맞이하기 위한 마음 수련 아닐까요?

해몽을 믿어도 될까요?

꿈에 변이 나오면 좋고 이가 빠지면 좋지 않다고 들었는데, 이런 꿈의 전형적 상징들을 믿어도 될까요? 물론 해석할 수 없는 신비한 꿈들이 있습니다. 그 점은 프로이트도 인정합니다. 그러나 우리는 지금 분석할 수 있는 영역에 대해서만 이야기하고 있어요. 프로이트는 보편적인 하나의 해석으로 모든 것을 설명하기보다는 아주 개별적인 개인의 사연을 통해 꿈을 분석했어요. 꿈이 상징언어를 이용한다는 건, 전형적인 상징을 뜻하지는 않는답니다. 전형적 상징은 꿈 사전, 해몽 사전을 만드는 일반적 상징인데, 프로이트는 그런 꿈 사전을 싫어했죠. 그가 말하는 상징은 현재 내 마음의 지도를 외부 세계의 사물이나 사람으로 표현하는 방식을 뜻합니다. 그래서 그는 전형적 상징도 아래 설명드리는 방법처럼 개별적으로 해석해야 한다고 했답니다.

초등학교 1학년인 큰 아들이 자기의 아랫니가 몽땅 빠지는 꿈을 꿨다면 다섯 살배기 둘째의 건강을 염려해야 할까요? 프로이트는 다르게 해석한답니다. 그는 동생을 미워하는 형의 철없는 마음이 그런 꿈을 만들어낸 것이라고 해석할 겁니다. 아이는 어른들이 꿈의 상징에 대해 이야기하는 걸 들은 적이 있었던 거죠. 언젠가 윗니가 빠지는 꿈을 꾼 엄마가 할머니께 안부 전화를 드리는 걸 봤다면, 동생이 없어져버렸으면 좋겠다는 생각이 아랫니가 빠지는 꿈으로 표현되었을 수 있다는 것입니다.

꿈에 변을 본 후 실제로 좋은 일이 생기는 경우도 비슷하게 설명할 수 있습니다. 의식은 확신하지 못하지만 무의식은 긍정적인 방향성을 예측하고 있었던 겁니다. 뭔가 잘 될 거라는 걸 예감하고 있었던 거죠. 그리고 평소 알고 있던 대로, 변이라는 이미지를 사용하여 그 긍정적인 예상을 표현합니다. 순서가 반대일 수 있다는 뜻입니다.

꿈 일기의 날짜

꿈 일기에서 날짜가 중요한 이유

꿈 일기를 쓸 때 꼭 연월일, 시간을 함께 표시해주어야 해요. 하루에 여러 가지 꿈을 꾸는 경우도 있기 때문에 시간을 오전, 오후로 명확히 표시하고 적어두면 좋답니다. 저는 을지로 3가에 가야 해서 거리를 헤매는 꿈을 하루 저녁에 세 번 연속으로 꾼 적이 있어요. 첫 번째 꿈이 두 번째 꿈으로 이어졌죠. 세 번째 꿈은 내용이 조금 다르긴 했지만, 그 역시 을지로 3가로 가야 한다고 말하는 인물이 등장했어요. 이 경우는 해석할 때 세 꿈의 순서도 중요하겠죠? 저는 그때 어떤 사람과 신경전을 치르고 있는 중이었어요. 이게 살수대첩, 을지문덕으로 이어지며 을지로 3가가 꿈에 나온 듯해요. 을지로 3가에 가야만 하는 이유는 그곳에서 환승을 하기 위해서였답니다. 꿈은 제게 다른 차를 타야 한다고 조언하고 있죠. 그전 꿈들에는 전쟁과 경쟁의 테마가 펼쳐졌었죠. 만약 내가 꿈의 조언에 따라 호전적인 모드를 해제하고 평화, 공존의 모드로 삶의 태도를 전환한다면 꿈의 서사 역시 달라지겠죠. 날짜를 적지 않으면 전후 상황이 뒤섞여버려요.

꿈 분석과 시간 지도

오랜 시간이 지나서 찾은 노트 하나. 내 이야기들이 가득 적혀 있긴 한데 몇 년도인지, 언제쯤인지 적혀 있지도 않고 도저히 기억도

나지 않는다면 어쩌죠? 왜 그런 내용이 쓰여 있는지, 무슨 일이 있었는지, 내 기억에 있는 과거 사건들과 시기적으로 어떻게 관련되는지 오리무중일 겁니다. 답답하죠. 이미 다 지난 일이니 그냥 잊어버릴까요? 문제는 그렇게 지난 해석을 무시해버리는 경우, 변화의 가능성이 함께 사라지며 처음 그 자리로 다시 돌아가게 된다는 겁니다. 내 삶이 어떻게 움직여 가는지, 삶의 방향성과 변화들을 관찰하고 더 나은 미래로 나아가기 위해서는 시간 지도가 필수적입니다. 그날 내 마음에 가장 중요한 일로 기억되는 부분도 배경 파트에 함께 적어두면 더욱 좋겠죠. 그렇게 그날의 꿈과 배경과 해석은 영원히 시간 속에 각인되어 미래의 변화로 이어지게 된답니다.

왜 같은 꿈을 반복해서 꿀까?

얼마나 자주 그 꿈이 나오는지 시간 지도를 그려보세요. 언제 이후 그 꿈이 나오기 시작했나요? 반복의 이유는 내가 변하지 않기 때문일 수도 있습니다. 꿈은 우리에게 자극이 되는 일들을 보여줘요. 너무 힘들고, 너무 좋고, 너무 싫고, 너무 놀랐을 때 꿈에 나오죠. 실제로 화장실 천장에서 물이 떨어지기 시작했다고 생각해보세요. 문제가 있다는 거잖아요. 신경이 쓰이고 짜증도 나겠죠? 아무것도 하지 않으면 물이 계속 떨어져요. 그냥 물만 떨어지는 게 아니에요. 시간이 지나면서 곰팡이도 필 겁니다. 천장이 울긋불긋하게 되어버릴 거예요. 그래도 계속 방치하면 화장실을 쓰지 못하는 지경에 이르겠죠. 답은 우리가 행동하는 겁니다. 위층에 올라가서 누수 사실을 알리고 어디서 물이 새는지 확인하라고 말해야 합니다. 물론 이 모든 행동이 번거롭다고 느낄 수 있습니다. 모든 변화는 번거로워요. 그러나 문제를 방치하면 우리의 일상이 마비되고 맙니다. 꿈은 우리가 문제를 해결할 때까지 그 문제와 관련된 것들을 반복해서 보여줍니다. 문제가 해결되거나 문제를 해결하기 위해 내가 행동하면, 그 즉시 자극의 세기가 줄어들겠죠? 그리고 그 이야기는 우리의 꿈을 떠납니다.

특정한 날에 꾸는 꿈

오늘은 내 생일인데 이런 날은 특별한 꿈을 꾸나요? 네, 그렇습니다. 꿈이 그 특정한 날들을 재료로 사용할 확률이 높거든요. 그 날들이 의미 있는 날로 자신의 마음에 각인되어 있으니까요. 제 경우 4월은 꿈이 요동치는 달입니다. 사랑하는 사람들의 기일이 있는 달이고, 2014년 4월에 일어난 세월호 참사가 마음에 큰 충격을 남겼기 때문입니다. 제게 4월은 상실의 달입니다. 이 세상에서 한 사람이 사라지면, 더구나 자살과 같이, 떠나는 사람도 남겨지는 사람도 준비가 되지 못한 상태에서 그런 상실이 발생하면, 그 공백은 다음 세대까지 대물림됩니다. 그러나 한 사람이 어떤 상황 속에서도 쉽게 포기하지 않고 삶과 잘 겨루다 우리와 작별한다면, 그리고 사회와 국가가 그의 편에서 끝까지 그의 손을 잡고 함께 버텨준다면, 그 모습을 본 가족들은 그를 애도할 수 있습니다. 그런 슬픔은 미결의 과제로 다음 세대에 전달되지 않아요. 그리움과 기억으로 애도되겠죠. 애도는 잘 보내는 일인 동시에 잘 품는 길이기도 하답니다. 가족이 절망 속에서 삶을 포기하는 경우, 그렇게 떠난 사람의 분노와 절망을 이야기 속에 녹여내고 그 상실을 받아들이는 데는 몇 세대에 걸친 시간이 필요합니다. 이야기가 단절된 곳에 이야기를 쓰는 일에는 많은 시간이 소요되기 때문이죠. 꿈은 그 이야기를 쓰는 한 방식입니다. 내 삶의 가장 중요한 문제들을 대면하기 위한 노력이라고 생각하면 됩니다. 미결의 과제를 내 아이에게 물려주지 않기 위해 나는 내 세대에서 이 과제를 어떻게든 풀어내야 해요.

잃어버린 시간을 찾아서

꿈은 현재와 과거가 만나는 장소랍니다. 저는 일주일에 한 번은, 오늘이 내 인생의 어느 지점인지 먼저 지도를 그려본 후 꿈 일기를 시작합니다. 태어나서 여덟 살까지 진주, 아홉 살부터 스물넷까지 서울, 스물다섯부터 스물아홉까지 영국, 그리고 서른부터 다시 서울. 제 꿈의 공간은 진주, 영국, 서울로 나뉩니다. 의식적으로 떠올린 적 없는 진주의 풍경들이 문득문득 제 꿈을 방문합니다. 저는 10년 단위로 삶을 나누어 중요한 일들을 메모하기도 하고, 내 옆에 가장 가까이 있었던 사람들을 중심으로 연대기를 다시 써보기도 해요. 그러다 보면 왜 현재의 꿈이 그렇게 그려졌는지 이해하게 될 때가 있습니다. 내가 현재 무엇을 그리워하는지, 내가 지금 무엇이 부족한지, 내가 무엇을 잃고 살아가고 있는지 깨닫게 되죠. 년도를 중심으로 정리하는 작업은 내가 그동안 잊고 있었던 많은 기억들을 선물해주었습니다. 오늘 내가 적은 꿈 일기는 10년 후 내게 소중한 기억들을 다시 선물해줄 겁니다.

일기와 꿈 일기

날짜를 쓰고 감상을 쓰는 거라면 결국 같은 것 아닌가요? 아니오. 매우 다르답니다. 근본적인 차이는 꿈 분석의 경우 우리가 꿈의 내용을 의식적으로 통제할 수 없다는 것입니다. 내 의지와 상관없이, 내 바람이나 체면과 무관하게 꿈은 나오고야 말죠. 민망한 이야기들, 보고 싶지 않은 장면들이 나타납니다. 생각지도 못했던 인물이 나를 방문하고, 나는 생각지도 못했던 반응을 합니다. 모두 '진짜' 생각들, '진짜' 느낌들이죠. 꿈은 꾸미지 않아요. 반면 일기에서는 검열이 가동됩니다. 의식적으로 이건 안 써야겠다, 생각하는 게 아니라 정말로 나 자신이 내게 거짓말을 할 때가 있다는 뜻이에요. 내가 힘들다는 걸 스스로 부정하는 경우도 있죠. 꿈은 내가 나 자신에게 하는 거짓말을 꿰뚫어봅니다. 그리고 우리에게 진실을 보여주죠. 그래서 꿈이 불편한 거예요. 하나의 날짜에 꿈 일기와 일기를 같이 쓰면, 내 의식적인 태도와 무의식적인 내면 상태를 비교할 수 있답니다. 제 경우 20대에는 둘 사이의 간극이 매우 컸어요. 30대에는 그 차이가 줄어들었고, 40대에는 둘이 대화하며 제 삶을 변화시켜나가고 있습니다. 의식이 꿈의 메시지를 이해하고 현재를 바꾸어가면, 꿈은 변화된 현재의 모습을 출발점으로 다시 새로운 꿈속 이야기를 만듭니다. 이러한 소통이 더욱 성숙한 50대를 만들어줄 것이라 믿습니다.

꿈 일기로 돌아보는 나

아주 오래전 꿈에 한 남자가 나왔어요. 제가 힘든 상황에서 그는 상황을 방관하며 비웃는 듯한 표정으로 저를 바라보고 있었어요. 제가 믿는 사람이었는데, 왜 그렇게 멀게 느껴졌는지 이해할 수 없었죠. 당시의 꿈 일기를 읽으며 저는 놀라지 않을 수 없었습니다. 꿈은 그가 어떤 사람인지 알고 있었던 겁니다. 내편이라 생각했는데 꿈은 그가 내편이 아니라고 말했던 거예요. 당시 전 믿지 않았죠. 돌아보면 모든 사람이 알 만한 너무나 명백한 이야기를 나 혼자 모르고 있었던 상황이었어요. 꿈은 그런 내게 소리 높여 경고하고 있었습니다. 당시 꿈 일기를 보며 안도의 한숨을 쉽니다. '큰일날 뻔했다.' 마음이 열려 있지 않고, 생각이 굳어 있어 그때는 꿈의 이야기가 들리지 않았어요. 오랜 시간이 지나 꿈 일기를 다시 읽을 때 하게 되는 신기한 경험입니다. 이를 위해서는 날짜와 당시의 상황이 메모되어 있어야 겠죠.

｜꿈 일기로 그리는 인생 지도｜

예전에 쓴 꿈 일기를 읽을 때 해석 부분이 나오기 전 꿈 내용만 훑었는데도 눈물이 왈칵 솟는 경우가 있습니다. 해석 부분을 보면, 정작 어린 저는 의식하지 못하고 있었던 듯한데, 시간이 흘러 돌이켜보니 얼마나 힘들고 괴로웠는지 알 수 있었어요. 3차 대전이 벌어져 풀 한포기 없는 황무지에 나 홀로 서 있는 꿈이었어요. 다행히 그 황량한 공간을 걷고 있던 당시에는 얼마나 오래 그 황폐함이 지속될지 몰랐죠. 꿈 일기를 통해 삶의 시간을 나누고 내 인생의 구간들을 다시 걸어보면, 자신이 어디쯤 있는지 그리고 어디로 가고 있는지 그 지도가 명확해진답니다. 꿈의 해석이 여기까지 나아간다면, 굳건한 삶의 방향성 속에서 인생이 훨씬 든든해집니다.

꿈 내용 적기

꿈, 내 마음의 보물 상자

꿈을 받아 적는 일은 귀찮습니다. 그냥 잊어버리고 싶죠. 별것도 아닌 듯하고요. 그런데 꿈 내용을 받아 적어보고 한 번만 그 내용에 대해 곰곰이 생각해보면, 꿈이라는 게 정말 굉장한 것이라는 생각이 들 겁니다. 내 안에 이런 게 있었나 싶은 내용들이 쏟아져 나오는데 정말 보물창고가 따로 없어요. 그런 사람이 있었지, 그런 곳에 간 적이 있지 등 새로운 기억들을 되찾게 되는 것은 물론, 이 사람에게 그런 면이 있었지, 이 사람이 나한테 그런 도움을 주었지 등 한 사람에 대한 또 다른 생각을 할 수 있게 되기도 한답니다. 여러분 마음속에 누가 살고 있는지 같이 한번 만나볼까요?

어디까지가 꿈 내용일까

우선 꿈 내용을 편안하게 적어보세요. 과거형보다는 현재형으로 쓰세요. 꿈에 대해 추가 설명하고 싶은 부분도 괄호 속에 쓰세요. 물을 건너는 장면인데 꿈에서 깬 후 그 물이 매우 차가웠다는 게 기억나면 그 부분도 내용에 덧붙이면 돼요. 프로이트는 꿈꾼 후 우리가 부연하는 부분도 모두 꿈의 내용에 포함된다고 말합니다. 저는 녹음된 내용을 이어폰으로 들으며 손을 자유롭게 만든 상태에서 한 대목씩 받아 적어요. 내용을 통제하지 말고 녹음되어 있는 그대로 적으세요. 너무 졸릴 때 녹음을 한 경우에는 알아듣기 힘든 경우가 있는데, 이때는 억지로 내용을 맞춰 적지 말고 가장 확실히 들리는 부분만 적으면 됩니다. 나중에 어떤 꿈인지 알 수 있도록, 꿈 내용 중 가장 눈에 띄는 부분을 색연필로 표시해둘 수도 있습니다. 꿈에 나오는 대상들(꿈의 오브제) 중 눈에 띄는 오브제도 함께 마킹해주면 좋습니다.

이미지를 말로 번역하기

꿈 내용을 적는 작업이 처음에는 좀 어색할 거예요. 어떻게 옮겨야 할지, 어떻게 묘사해야 할지 막막할 수도 있어요. 두 가지만 염두에 두면 됩니다. 첫째, 내가 녹음한 모든 것을 다 받아 적는 거예요. 부연은 할 수 있지만 배제하지는 마세요. 둘째, 세부를 가능한 한 자세히 묘사하는 겁니다. 꿈을 받아 적다보면 그 장면이 머릿속에 떠오를 거예요. 그러면 잠시 멈추어 그 이미지를 잘 들여다보세요. 다리가 하나 없는 식탁인데, 색깔은 갈색이고 이상하게 그 주위는 조명이 꺼진 듯 어두웠을 수도 있겠네요. 그 식탁이 내가 10대 때 살던 집 거실에 놓여 있었다는 걸 알게 될 수도 있어요. 일단은 해석에 신경 쓰지 말고, 그보다는 이미지 묘사를 구체적으로 하는 데 집중해보세요. 꿈 내용을 자세히 적다보면 가끔 쓰고 싶지 않은 부분도 나와요. 물론 그럴 때도 용감하게 그 부분을 적어야겠죠. 그 부분에서 어떤 연상이 어떻게 이어져서 나를 어디로 데려갈지 몰라요.

무서운 꿈을 꿨어요

악몽을 꾸셨군요. 역시 받아 적으세요. 너무 무서워서 비명을 지르며 깼으셨다면 그 이야기도 같이 쓰세요. 이때도 세부가 중요하답니다. 어떤 악몽을 꾸었어요? 저는 악마를 본 적이 있는데, 악마의 하수인이 저를 초록색 마을버스에 태우더니 어떤 성으로 데려갔어요. 그 성에 악마가 있었죠. 한 방으로 들어가 악마를 보았는데, 제가 아는 사람이었어요. 꿈 내용은 악마가 마련해놓은 길을 따라 걸어 악마를 만나러 가는 거였죠? 악마에게 나아가는 길. 길을 잘못 들었던 거네요. 꿈에서 깼을 때 특히 이 말들이 귓가를 맴돌았어요. '잘못된 길', '길을 잘못 들다.' 이렇게 부조처럼 튀어나오는 부분을 유심히 보며 꿈 내용을 적는 것도 좋습니다. 귀신이 나왔다면 어떻게 생겼는지, 어떤 분위기였는지, 귀신이 뭐라고 했는지 등을 자세히 적으세요.

몸을 움직일 수 없어요

가위에 눌렸군요. 이 역시 세부를 적어야죠. 어릴 때 칼이 횡횡 돌아가는 소리가 들리는데 몸이 얼어붙어버린 적이 있어요. 중학교 시절이었죠. 저는 자주 쓰러지는 허약한 아이였어요. 약하다는 건 내면의 에너지가 적다는 것이겠죠? 그럼 이때 뭘 해야 할까요? 담임 선생님께 제가 약한 아이라고 좀 봐달라고 사정해야 할까요? 물론 병

원에 가서 검사를 받아보는 건 중요합니다. 그런데 당시 검사 결과에는 아무것도 나오질 않았어요. 헤모글로빈 수치가 좀 낮았는데 심각한 정도는 아니었고요. 그런 경험을 했을 때, 저는 무엇이 제 어깨를 눌러 내면의 에너지가 소진되게 하는지 고민했어야 해요. 그건 '약한 아이'라는 이름이었을 수도 있고, 약한 아이가 되면 제가 얻게 되는 이익 때문이었을 수도 있답니다. 이 점 때문에 제가 '약한 아이'가 되기로 결정했던 것일 수도 있죠. 물론 그건 편안한 상태가 아니에요. 현실과의 타협 속에서 증상 뒤로 숨는 경우, 사실 그 사람은 행복하지 않거든요. 증상을 수비하는 데 에너지를 소진하게 되니 정말 원하는 일을 할 수가 없죠. 원하는 일을 찾는 데 써야 할 에너지를 약한 아이로 나를 방어하는 일에 쓰고 있었잖아요. 마음속 깊은 곳에서는 그걸 알고 있기에, 나 스스로 내 몸과 마음을 마비시키는 상황을 보여준 것뿐일 수도 있겠네요. 자 이제, 그 무게를 걷어내고 꿈에서 깨어나 두 발로 일어서야겠죠.

꿈을 받아 적을 때는 위지위그 모드로

인쇄 버튼을 누르면 컴퓨터 화면에 있는 모든 것이 그대로 출력되죠. 이것이 바로 위지위그(What You See Is What You Get) 기능입니다. 꿈 내용을 적는 방식도 이와 동일하다고 생각하면 돼요. 악몽을 꾸었을 때도, 가위에 눌린 후에도, 다른 꿈들과 똑같이 기억나는 부분을 받아 적으면 되는데, 이때 위지위그 기능처럼 옮기려고 노력하면 좋습니다. 물이 차가웠다는 게 생각나서 부연하는 경우는 그 장면에 집중했을 때 떠오른 세부를 받아 적은 거예요. 이미지에 없는 걸 덧붙인 것은 아니에요. 그래서 이 역시 위지위그에 속합니다. 그러나 이야기를 더욱 매끄럽게 하기 위해, 또는 악역을 맡은 인물을 보호하거나 그를 감싸주기 위해 서사를 덧붙이는 건 다른 문제입니다. 그건 위지위그 원칙에 어긋나죠. 꿈 내용을 받아 적을 때는, 일단 분석이나 해석을 염두에 두지 말고 있는 그대로 옮겨야 합니다.

｜ 경험이 곧 꿈의 재료 ｜

중고등학교 강연을 참 많이 했습니다. 저는 강연 요청이 오면 강연전 학생들에게 두 가지를 부탁합니다. 종이에 가장 행복했던 순간과 강연 내용에 관련하여 제게 질문하고 싶은 내용을 적어달라고 해요. 그렇게 미리 학생들의 기억과 질문을 본 후 당일에는 30분 정도 미리 들어가서 강연 시간까지 아이들과 이야기를 나누는데요, 한번은 어젯밤 꿈에 대해 물어봤어요. 한 학생이 여행에 관련된 꿈을 꾸었다고 했어요. 여행을 해본 적이 있냐고 물었더니 그렇다고 답했습니다. 제일 기억나는 곳이 어디냐고 했더니 담양이라고 하더군요. 그 이유를 물으니 음식이 맛있었고, 특히 음식 냄새가 참 좋았다고 했어요. 그건 담양에 가본 적이 있는 학생만이 간직할 수 있는 기억이죠. 그 기억들은 꿈의 재료로 이용될 겁니다. 우리가 경험하지 못한 것들은 꿈에 나오지 않아요. 책에서 읽었거나, 영화에서 보았을 수도 있습니다. 그 이야기를 들었을 수도 있어요. 이 역시 모두 경험에 속합니다. 그러나 그런 경험이 없다면, 그래서 누구도 이야기해주지 않았고, 어떤 매개를 통해 간접적으로 경험하지도 못했다면, 그 이야기는 절대로 꿈에 나오지 않습니다. 바꾸어 이야기해볼까요? 마음 가득 기쁨이 차오르고, 터질 듯한 행복감을 맛보고, 좋아하는 일에 몰두하고, 성취의 희열을 경험한 사람은 그 경험들이 꿈의 재료로 사용됩니다. 다시 말해 우리 자신이 이 경험들을 할 수 있다면, 우리의 꿈이 에너지와 좋은 기억으로 가득 채워지겠죠. 우리가 많은 사람을 만나고 새로운 경험을 하고 삶의 외연을 넓혀가야 하는 이유입니다.

소중한 꿈 꼭 붙들기

가끔은 분석할 필요도 없이, 그냥 꿈꾼 다음 길몽이라는 판단이 서는 꿈들이 있습니다. 내 마음을 기쁨과 희열로 가득 채우는 꿈을 꿔보셨나요? 저는 백두산 천지에 황금 물고기가 사는 모습을 보았는데, 너무 아름답다는 감탄사를 연발하며 깼어요. 정말 힘들 때 커다란 그림자가 나타나 저를 한참 동안 꼭 껴안아준 적도 있죠. 소중한 꿈입니다. 이런 꿈 내용은 표시를 해둘 필요가 있어요. 두고두고 아껴보며 힘을 낼 소중한 자원입니다. 이 소중한 꿈의 목록이 늘어가면 갈수록 내면의 에너지도 높아지죠. 그 모든 이미지가 마음속에 축적되잖아요. 만약 이 꿈들을 그냥 흘려보내면 그 소중한 인물도 힘이 되는 내용도 다 망각 속으로 사라져버린답니다. 이 꿈들은 꼭 붙잡으세요.

그림으로 그려보기

말보다 그림으로

동그라미와 네모로만 표현해도 돼요. 글로 몇 줄씩 쓰는 것보다 간단한 그림으로 훨씬 간편하게 이야기를 압축할 수 있는 경우가 있어요. 예를 들어, 네 명이 직사각형 테이블에 둘러 앉는데, 두 명씩 마주 보는 형태가 아니라 아래와 같은 배치로 앉아서 회의를 한다면 그건 무슨 뜻일까요?

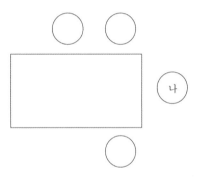

꿈에서 나는 장으로서 회의의 중심 역할을 하고 있네요. 에너지와 능동성이 웬만큼 높아지지 않으면 저 자리에 내가 배치되지 않죠. 내 현재 마음의 상태를 보여주는 이미지입니다. 마음이 힘들고 자신이 없고 에너지가 내려가는 시기에는 저 자리를 선택하기가 쉽지 않을 겁니다. 다른 세 사람은 내 이야기를 듣기 위해 내 쪽으로 붙어 앉아

주었네요. 한편 꿈에 다리 네 개 중 하나가 없어서 기울어진 모양의 식탁을 본 경우는 어떨까요? 건들거리는 식탁의 이미지는 안정성, 자발성, 자율성과 조금 거리가 멀어 보이네요.

관객들이 모두 무대를 등지고 돌아앉아 있는 장면은 어떨까요? 소설가 프란츠 카프카의 꿈속 장면입니다. 자신의 이야기를 듣지 않는 벽 같은 아버지 앞에서 카프카의 마음이 그린 그림이겠죠. 백 마디 말보다 간단한 그림이 훨씬 낫습니다. 이렇게 말로 푸는 것보다 이미지 하나로 간결하게 서사가 요약되는 경우에는 일단 먼저 그림을 그려보세요. 또한 꿈 내용 중 가장 마음에 남는 장면을 간략히 스케치 해두는 것도 좋습니다. 나중에 그 그림만 보면 꿈이 떠오를 거예요.

그림을 다시 말로

말이나 그림이나 모두 분석 방법은 같습니다. 세부를 분석해야 해요. 그림을 그린 후, 관객들이 모두 등을 돌리고 앉아서 무대를 등지고 있었다고 말로 풀지 않으면 그다음 분석으로 넘어가지 못해요. '등지고'라는 말이 눈에 띄네요. 이 표현은 배려나 도움, 화합이나 통합과는 다른 느낌을 주죠? 결국 이미지의 세부 분석은 언어분석으로 이어집니다. 처음부터 말로 풀어내는 것이 어렵기 때문에 이미지의 도움을 받는 거예요.

혼자 해보는 사이코드라마

장면 하나를 만들어 그려볼 수도 있습니다. 아침 장면인데 어머니는 부엌에 계시고 다른 가족들은 모두 자고 있군요. 아이는 일어나서 졸린 눈을 비비며 부엌 문 앞에 가만히 서서 어머니의 뒷모습을 보고 있습니다. 사각형으로 집 도면을 그리고 사람은 동그라미로 표시해서 한 장의 그림을 그릴 수 있겠죠? 그다음에는 아이가 어떤 생각을 하는지 아이의 목소리로 한 번 말해보는 거예요. 위경련 때문에 밤새 괴로워했던 엄마가 아침에 밥을 하고 있네요. 아이는 이렇게 말할 수도 있죠. '엄마, 엄마, 엄마… 아무리 불러도 엄마가 돌아보지 않아요. 엄마가 너무 힘든가봐요. 슬퍼져요.' 엄마의 목소리로 말해볼 수도 있습니다. 엄마는 뭐라고 말할까요? 둘의 대화를 만들어볼 수도 있고, 등장시키고 싶은 사람을 불러 이야기하게 해볼 수도 있습니다. 지금 우리는 사이코드라마 기법을 활용하고 있어요. 각 인물들이 이 장면에서 어떤 생각들을 하고 있는지, 어떤 삶을 살고 있는지 생각해보고, 현재의 내가 그 장면의 엄마에게 이야기를 할 수도 있습니다. 과거와 현재가 만나는 한 방법이죠.

크기로 표현하기

내 가족을 중요도와 역할에 따라 크기로 나타내보세요. 할머니가 제일 큰 원, 아버지가 그다음 큰 원, 내가 세 번째 큰 원, 누나가 네 번째 원 그리고 마지막으로 제일 작은 원이 어머니라면, 그 자체가 하나의 이야기를 들려주고 있죠? 하룻밤의 꿈 장면이 아니라, 내 가족의 일상을 이런 방식으로 한 컷의 그림을 통해 엿볼 수 있습니다. 늘 그런 역할을 하고 늘 그런 위치에 있다는 뜻이니, 이 이야기들이 모두 꿈에 반영되겠죠. 그날의 꿈 장면이 확실하지 않을 때는 '그림으로 표현하기' 부분을 비워두기보다 내 삶의 기반 구조들을 살펴보는 데 이용해도 좋습니다. 내 형제, 자매들과의 관계만으로 그림을 그려볼 수도 있습니다. 제일 큰 원과 제일 작은 원의 크기 차이를 한번 보고, 왜 그렇게 되었는지 생각해보세요.

위치로 표현하기

누가 누구 앞에 있고, 누가 누구로부터 제일 멀리 있으며, 누가 누구 바로 옆에 있는지, 내 가정과 학교, 직장의 구성원들을 위치로 표현해보세요. 인물은 동그라미로 표시하고 원 안에 이름을 쓰면 되겠죠. 나를 제일 먼저 그리고 나와 가장 가까이 있는 사람부터 한번 표시해보세요. 누구와 누가 제일 멀리 떨어져 있나요? 누구와 누가 제일 가깝게 붙어 있나요? 그런 배치가 내게 어떤 영향을 미쳤나요? 한 사람을 표시하는 원 안에 다른 사람을 표시하는 원을 집어넣을 수도 있습니다. 작은 원이 큰 원에 완전히 종속되어 있다는 뜻이겠죠.

⟫ 화살표로 동선 표시하기 ⟪

인물의 움직임이 중요한 장면이라면 그 장면을 간단하게 그린 후, 인물의 동선을 화살표로 표시하세요. 한 남자가 문 밖에 서 있다가 문 안으로 들어와 다른 두 남자를 만나는 장면이라면, 문 밖에 있는 남자를 그린 후 화살표로 그가 위치를 이동하고 있다는 걸 표현하면 됩니다. 누군가 내 삶에 더 적극적으로 관여하기 시작했다는 뜻이겠네요. 움직임은 그 인물의 의지를 표현합니다. 또는 내 마음의 한 부분이 그렇게 움직이고 있다는 걸 뜻합니다. 자꾸 구석만 찾는 인물, 자꾸 숨는 인물이 나올 수도 있겠네요.

⟫ 관계도 그리기 ⟪

그림을 더 복잡하게 만들어볼까요? 현재 내 삶의 인물 관계도를 그려보세요. 우선 가족, 친구, 동료 등을 선으로 표시하세요. 그 후 급할 때 내가 전화할 수 있는 사람들을 색깔로 마킹하세요. 자주 만나지는 못하지만, 내가 믿고 의지하는 사람(멘토)들도 표시하고, 역시 색깔로 마킹하세요. 예전에는 가까웠지만 소원하게 된 관계도 적어보고 색깔로 표시하세요. 그리 친하지는 않지만 옆에 있으면 내게 좋은 영향을 주었던 사람들도 표시하고, 옆에 가면 내가 다치는 사람들도 마킹해보세요. 내게 가장 중요한 사람이 누구인가요? 내가 지혜롭게 살짝 피해야 하는 사람은 누구인가요? 다른 사람의 관계도에서 나는 어떤 위치에 배치될까요?

| 소원 이미지 간직하기 |

잊고 싶지 않은 꿈은 꼭 그림으로 남겨두세요. 특징을 강조해서 어떤 꿈이었는지 기억나게만 해주면 됩니다. 그 그림만 보면 굳이 꿈 일기를 다 읽지 않아도 그 꿈이 기억나도록 해주면 돼요. 2003년 2학기, 첫 강의가 있던 날 아침에 제가 적은 꿈입니다. "어마어마하게 큰 방이 똥으로 가득 차 있다. 거기 무수히 많은 사람들이 있는데, 너무너무 기분이 좋다. 황홀한 느낌마저 든다. 꿈에 똥을 보면 좋은 일이 생긴다고들 하는데 정말 멋진 일이 나를 기다리고 있을 것 같다." 똥으로 가득 찬 방에 사람들이 가득한 풍경이 보이네요. 제 에너지 레벨이 가장 높았던 시기입니다. 그리고 그날 아침 첫 강의에서 이 책의 편집자를 만났습니다. 지금까지 《프로이트의 환자들》과 《내 무의식의 방》을 함께 만들었네요. 갈색 똥들과 사람 머리들이 가득한 그 꿈 장면은 언제나 제게 관계, 소원, 기대를 의미하는 소중한 이미지로 남아 있습니다.

인상적인 장면에
주목하기

강렬한 감정이 든 장면

가장 인상 깊었던 장면을 간단하게 묘사해두세요. 제일 기억에 남는 장면을 쓰면 됩니다. 감정적인 색채가 강한 장면을 떠올려보세요. 전체 꿈의 서사 중 벅차게 좋았던 장면이나 심계항진이 올 만큼 긴장했던 장면이 있나요? 예를 들어 관음보살을 만나는 꿈같이 신비로운 장면이 나오는 꿈은 평생 실제 기억처럼 간직하고픈 보물입니다. 그런 장면을 봤을 땐 따로 적어둘 필요가 있죠. 내려가는 에스컬레이터에서 열심히 계단을 올라가고 있는 장면은 어떤가요? 꿈꾸는 내내 너무 힘들었겠죠? 전체 꿈의 주요 이야기와 별 상관이 없는 부분이라도 그 장면에서 내가 당황했다면 그 부분을 메모해두면 됩니다. 내가 늘 원했던 대로 완벽하게 준비되어 있는 어떤 장면을 봤다면, 이 역시 매우 의미 있는 꿈이에요. 내 에너지가 강해지며 현실이 변화될 가능성이 높아졌잖아요. 이처럼 강렬한 감정이 들었던 장면을 묘사해주세요.

특별히 기억나는 감각

한 남자를 사귀고 있을 때 차가운 수술대 위에 누워 있는 꿈을 꿨어요. 저는 그를 좋은 사람이라고 생각했고 믿었었죠. 그런데 당시 제 몸과 마음이 늘 힘들었어요. 꿈 전체는 좀 복잡했지만 가장 감각

적으로 충격이 느껴졌던 부분은 철제 수술대의 차가운 촉감이었습니다. 너무 차가워서 온몸이 저릴 지경이었어요. 온기라고는 전혀 없는 그 차가움에 서러운 마음이 북받쳤어요. 누군가 저를 배려하고 따뜻하게 감싸주는 상황이었다면 결코 그런 대목은 나오지 않았겠죠. 그 차가움은 사람으로부터 사물로 이동된 촉감이에요. 그건 수술대에 대한 것이 아니라 그 남자를 묘사하는 것이었습니다. 저는 의식적으로 그 사실을 부정하고 있었을 뿐이죠. 변화가 필요한 순간이었어요. 소름 끼치는 차가움, 그건 그냥 넘길 감각이 아닙니다.

인상적인 장면

꿈 분석을 할 때는 꿈의 전체 맥락에 집착하지 않아도 돼요. 꿈이 전하고자 하는 메시지는 꿈의 이야기와 상관없이 꿈의 세부에 삽입되기도 합니다. 내가 지금 너무나 외롭다고 해서 꿈에 그 이야기가 그대로 전달되지는 않아요. 물론 느낀 그대로, 걱정하는 그대로 그려지는 꿈도 있지만, 꿈은 그보다는 빗대어 이야기하는 걸 좋아합니다. 외롭다고 느끼는 인물이 등장하지 않을 수도 있어요. 이 경우 다른 방식으로 그 느낌을 전달하겠죠. 전혀 다른 맥락의 이야기인데, 그 세부에 '숫자 1'을 쓰는 대목이 나온다고 해봅시다. 백지에 숫자 1을 쓰는데 아무리 진하게 써도 자꾸 숫자가 사라지는 거예요. 다시 쓰고 또 다시 써봐도 1이 써지질 않아요. 사라지는 숫자 1. 그 부분이 제일 인상적이죠? 존재가 사라지는 듯한 느낌을 아주 구체적인 장면으로 표현했네요. 하나가 사라지는 풍경이고 존재 자체가 휘발해버리는 상황이네요. 아무도 없이, 어떤 관계도 없이, 그렇게 존재가 희미해지고 있군요.

이상한 행동이나 말

꿈에 이상한 행동을 하는 사람들은 누구일까요? 네, 물론 그건 나 자신입니다. 이해할 수 없는 행동을 하는 사람, 이상한 말을 하는 사람이 꿈에 나왔는데 오래 잊히지 않는 경우가 있죠. 꿈의 전체 이야기와 무관하게 툭 튀어나온 이 인물들과 그들의 행동은 전체 이야기보다 훨씬 중요한 것을 우리에게 알려주고 있는지도 모릅니다. 앞에 예를 들었던 을지로 3가 꿈에서, 버스 정류장에 앉아 쉬는 나에게 한 여성이 오더니 172번 버스를 타야 한다고 말하더군요. 그때 1111번 버스가 들어왔는데, 그 여자는 말이 끝나기가 무섭게 한 치의 망설임도 없이 1111번 버스를 탔어요. 꿈에서 제일 이상한 부분이었죠. 내 어떤 행동이 그렇게 반영된 걸까요? 한 해 동안은 책을 쓰지 않을 거라고 다짐했는데, 그다음 날 어떤 책을 출판하기로 계약을 했어요. 그날 저녁에 꾼 꿈입니다.

〔 위로가 되는 장면 〕

꿈의 특정 부분이 우리에게 큰 위로가 되기도 합니다. 그 대목은 우리가 많이 힘들 때 우리를 따뜻하게 감싸주는 역할을 하죠. 태양이 뜨고 땅이 열을 받으며 온몸이 노곤해지는 장면은 듣기만 해도 평온하죠. 한 아이가 나타나 내 손을 잡아줄 수도 있고, 머리 냄새가 풀풀 나는 내 머리에 입을 맞추는 인물이 나오기도 합니다. 그 장면에서는 마치 현실처럼 느껴질 정도로 실감나게 큰 위안을 얻게 되죠. 이 부분들은 좀 붙들어두어야겠죠?

〔 어떤 예감 〕

한 남자와 함께 임무를 수행하는 꿈을 꾼 적이 있습니다. 그 남자는 임무 수행 중 끔찍하게 살해당해요. 그런데 그가 죽어가는 모습을 제가 바라보고 있습니다. 그가 주저앉았는데 그와 눈이 마주치는 순간 제 삶은 늘 이런 일의 반복일 것이라는 예감이 들었어요. 그가 죽으면 제가 임무 수행에 필요한 무기를 하나 획득하게 되더군요. 운동화 아래 그 무기를 붙이고 더 강력해진 상태에서 그다음 골목으로 걸어갔어요. 이제 더 힘든 싸움을 하고, 또 그런 괴로움을 겪으며 다시 다른 무기를 획득하게 되겠죠. 그를 바라보던 그 순간이 잊히지 않습니다. 그 슬픔을 말로 표현할 수 없고요. 꿈에서는 그걸 반복하며 앞으로 나아가는 것, 그게 제 운명이었죠. 그 예감된 반복이 정말 끔찍하게 느껴졌어요. 그건 제 삶 속에서 제가 변화의 여지를 전혀 남기지 않는 어떤 부분일 수 있습니다. 그렇게 늘 저 자신을 다그치고 학대하는 거죠. 아무것도 바꾸지 않는다면 정말 이 끔찍한 반복이 계속될 겁니다. 그렇게 놔둘 수는 없겠죠?

내 상태를 압축해서 보여주는 장면

운명적 예감이라는 건, 현재의 내 태도를 바꾸지 않으면 늘 그렇게 살 것이라는 예언입니다. 다른 말로 바꾸어 그 대목은 내 삶의 압축판입니다. 늘 내 삶에서 반복되는 것, 내가 늘 반복하는 게 그렇게 표현되는 거죠. 내 평소의 태도를 한 대목으로 압축하여 제시하는 장면은 정말 예술적입니다. 내가 아무리 유머가 없고 재미없는 사람일지라도 내 꿈은 위트와 유머가 가득합니다. 뜬금없이 불쑥 꿈이 나에게 제시하는 그 장면에 내 인생 전체가 오롯이 담겨 있기도 하답니다. 내 평소의 태도와 습관, 내가 늘 하는 생각과 걱정이 한 장면에 표현되죠. 꿈은 우리 안에 있는 예술가입니다.

원하는 대로 꾸는 꿈

꿈을 원하는 대로 만드는 이야기는 영화의 단골 메뉴죠. 〈인셉션〉

이나 〈루시드 드림〉 모두 꿈을 인공적으로 만드는 이야기입니다. 네, 우린 꿈을 설계할 수 있어요. 원하는 게 꿈에 나오기 때문이죠. 열심히, 정말 간절히 그것을 바라다보면 반드시 꿈에 나옵니다. 늘 같은 말을 하다보면 말하는 대로 꿈에 이루어집니다. 우리의 말과 생각이 바로 꿈에 심는 씨앗이거든요. 인상적인 장면을 설계하고 반복해서 생각하세요. 그 꿈이 미래에 이루어질 것이라는 걸 믿으세요. 미래의 꿈에 대한 믿음이 오늘 밤 꿈을 만들 겁니다.

꿈속 등장인물

꿈에서 내가 맡은 역할

꿈에 어떤 인물들이 나왔나요? 주인공은 누구인가요? 나는 어떤 역할을 맡고 있었나요? 인물들을 바라보는 역할인가요, 아니면 나도 이야기에 등장하나요? 내가 맡은 인물의 특징은 무엇이었나요? 수동적이었나요, 아니면 능동적이었나요? 사람들과 소통할 수 있는 인물이었나요, 아니면 아무와도 소통하지 못하는 인물이었나요? 에너지가 가득한 인물이었나요, 아니면 에너지가 적고 힘없는 인물이었나요? 내가 맡은 역할들을 한 주 전, 한 해 전과 비교해볼까요? 내가 맡은 배역이 어떻게 변하고 있나요? 제일 마음에 드는 역할은 무엇이었나요?

꿈속 모든 인물의 합은 나

인물 지도를 그려볼까요? 멋있는 인물, 소중한 인물, 안타까운 인물, 이상한 인물, 싫은 인물 등 어떤 인물들이 나왔는지 생각해보세요. 사실 꿈속 인물들은 모두 나 그 자체입니다. 꿈속 인물들은 내 과거, 현재, 미래의 어떤 모습들이 반영된 산물입니다. 꿈에 특히 자주 반복되어 나타나는 인물 역시 내 일부일 것입니다. 인물의 특성을 가만히 생각해보세요. 그가 내 어떤 부분을 상징하고 있나요? 물론 나처럼 보이지 않는 인물도 있습니다. 내 소원이 반영된 인물이 나올 수도 있고요. 인물들을 가만히 관찰하면 그들이 위축되는 일들, 그들이 가진 콤플렉스, 그들이 좋아하는 일들이 보일 겁니다. 물론 그것은 나에 대한 이야기입니다. 다른 사람의 꿈이라면 인물들은 절대로 그렇게 나타나지 않아요. 그 상황에서 그렇게 생각하지도, 행동하지도 않을 테고요. '정말 답답한 인물이네' 하다보면 그게 바로 내가 현실에서 자주 하는 행동일 수 있답니다. 어떤 상황에 처했을 때, 한 사람은 당황하거나 속상해하는 반면, 다른 사람은 오히려 그 상황이 다행이라고 생각하며 안도의 한숨을 내쉬기도 하죠. 우리는 모두 그 정도로 서로 달라요. 한 사람에게 매우 가치 있는 일이, 다른 사람에게는 무시해도 되는 부분으로 간주되죠. 가치가 다르기 때문이에요. 그래서 꿈은 그 자체가 바로 나입니다.

꿈의 주인공이 철부지를 돌보느라 애를 쓰고 있었다면, 철부지도, 그리고 그를 돌보는 사람도 모두 내 마음의 조각들입니다. 인물들의 특성과 그들의 역할, 그리고 소통 방식을 생각해보면, 내 삶의 어떤 부분이 반영된 것인지 알 수 있을 겁니다. 인물들의 행동을 자세히 들여다보면 그들의 행동 이면에서 나 자신의 모습을 볼 수 있습니다. 내 어떤 부분이 반영된 인물인지 분석해보세요. 더불어 내 어떤 소원이 반영된 인물인지도 생각해보세요.

꿈속 인물들은 어떻게 변하고 있나

꿈에 나왔던 인물들을 배열하고 그 변화의 추이를 따라가보는 것도 매우 유용한 작업입니다. 대조적인 인물들의 구도를 파악하는 것도 중요합니다. 살인자가 나온 꿈은 신을 만난 꿈과 대조적이네요. 전체 지도에서 내가 어디쯤 있는지, 어떤 역할을 맡았는지, 그리고 꿈들 속에서 내 역할이 어떻게 바뀌어가는지 추적해보세요. 이 모든 것들이 당시 내 마음을 반영하는 표지랍니다. 살인자가 나오는 꿈을 꾼 적이 있습니다. 주위에 있는 사람을 모두 믹서-탱크에 넣어 갈아버리는 사람이었어요. 사실 그때 전 누구에게도 곁을 주지 않았죠. 꿈 인물 관계도에서 저는 이 살인자와 함께 내가 언제가 만난 아폴론을 배치했습니다. 아폴론 신은 정말 아름다웠어요. 그가 자신을 '안내자'라고 소개했었죠. 그는 저를 새로운 길로 안내해주었습니다. 무서운 인물을 두려워할 필요 없어요. 내 삶의 태도와 변화에 따라 모든 인물들이 다 변한답니다.

인물의 특징 묘사하기

나중에 인물 분석을 하기 위해 우선 인물의 특징을 적어볼까요. 멋있다, 지질하다, 이타적이다, 이기적이다, 당당하다, 눈치를 본다, 자기 마음대로 한다, 배려한다, 공감한다, 어른스럽다, 유치하다, 힘들어 보인다, 행복해 보인다, 안하무인이다, 에너지가 넘친다, 대장이다, 도망친다, 어둡다, 밝다, 산만하다, 예쁘다 등으로 인물을 묘사해보세요. 그리고 나와 비슷한 인물과 나와 전혀 다른 성향의 인물을 구분해보세요. 삶을 즐기는 인물들이 나오는 경우, 만약 그것이 항상 일벌레로 살았던 내게는 낯선 인물이라면, 그 꿈은 매우 의미 있는 사건입니다. 꿈에 삶을 즐기는 인물을 보았다는 것은, 나도 그런 여유를 가질 수 있는 확률이 생겼다는 뜻이에요. 꿈이라는 놀이터에서조차 놀지 못한다면, 일벌레로 살았던 그 사람이 현실에서 갑자기 자신의 삶을 즐기게 될 확률은 거의 없다고 봐도 됩니다.

〉 인물 분석하기 〈

꿈속 인물들 중 목소리가 제일 큰 인물은 누구였나요? 왜 그럴까요? 다른 인물들이 상대적으로 모두 힘이 약한데 그 인물만 힘이 세다면 이 부분을 더욱 자세히 분석해볼 필요가 있겠네요. 인물들은 그들이 원하는 바를 잘 표현하고 있나요? 당당한가요? 혹시 소통이 전혀 되지 않는 캐릭터가 있나요? 어리지만 어른보다 더 어른스러운 인물이 나왔다고요? 누구를 닮았나요? 그 인물의 특성은 절대로 하루아침에 만들어지지 않습니다. 황당한 상황인데도 '이렇게 살 수 있어'라고 생각하는 인물은, 내가 평생을 그렇게 살았기 때문에 그런 태도를 보일 수 있는 겁니다. 물론 자신을 학대하는 태도는 우리가 꿈을 통해 바꾸어나가야 하는 대목이기도 합니다. 그 인물의 연대기를 생각해보는 과정에서 우리는 나 자신의 태도가 형성된 역사를 이해하게 된답니다.

{ 아는 인물이 꿈에 나왔을 때 }

실제로 내가 아는 사람이 나왔다면, 내가 그 사람을 평소에 어떻게 생각했는지, 내게 그 사람이 어떤 의미를 가지고 있는지 먼저 떠올려본 후 꿈속 인물과 비교해보세요. 꿈에 나온 친구가 늘 에너지가 넘치고 긍정적이고 힘이 있는 사람이라면 그가 상징하는 부분이 무엇인지 명백해지죠? 상종하고 싶지 않은 인물이 나왔는데, 내가 그 사람과 매우 친하게 보인다면 무슨 뜻일까요? 몇 가지 가능성들이 있겠죠. 우선 마음속 깊이 조금이라도 가까워지고 싶은 마음이 있었을 수도 있습니다. 말도 안 된다고요? 그럼, 그 인물이 가진 특성이 필요한 경우일 수도 있어요. 내가 매우 내향적인 사람이고 그가 외향적인 인물이라면, 그 사람이 꿈에 나온 이유는 외향적인 특성을 표현하기 위해서일 겁니다. 그것이 나에게 꼭 필요한 특성인 경우에는 그 인물이 더욱 부각될 거예요. 이름이 같거나, 누군가와 닮았다는 이유로 특정 인물이 소환되었을 수도 있습니다. 아버지와 입술이 닮은 사람, 첫사랑과 손 모양이 같은 사람 등 신체 특징의 유사성에 의해 어떤 인물이 나타날 수도 있습니다. 어머니가 자주 쓰던 표현을 썼던 사람이 어머니를 상징하기 위해 나타날 수도 있고요. 그렇다면 이 경우들은 꿈에 나온 그 인물 자체와는 관련이 없는 사례죠.

나를 돕는 인물

우리가 놓치면 안 되는 인물들이 있답니다. 뭔가를 매우 능숙하게 해내는 전문가, 시원하게 일을 마무리하는 능력자, 나를 돕는 조력자, 힘든 상황에서 나를 구하는 구원자들은 마음에 품고 살면 늘 힘이 되는 인물들입니다. 물론 그들은 모두 내 마음 깊은 곳에서 솟아오른 캐릭터들이죠. 내 마음의 일부라는 뜻입니다. 내가 가진 가장 멋진 것, 가장 좋은 것이 형상화된 인물들이에요. 그들을 놓치지 마세요. 나를 이끌어주는 멘토가 나왔다면, 그를 그림 칸에 그려두셔도 좋습니다. 어려움에 처했을 때 우리를 돕는 인물, 지혜로운 인물, 성숙한 인물은 이미 우리 마음속에 있습니다. 그들은 늘 우리 안에서 이야기하고 있어요. 우린 그 목소리를 무시할 수도 있고, 그 목소리에 귀를 기울일 수도 있죠. 그것은 내 선택입니다.

내 안의 데미안

작가 헤르만 헤세가 융 학파 분석가에게 분석을 받은 후, 융의 분석심리학을 이론적인 기반으로 삼아 집필한 저서가 《데미안》입니다.

싱클레어라는 미숙한 어린아이 앞에 데미안이 나타나 아이가 성장할 수 있도록 이끌죠. 책의 마지막 부분에서 싱클레어는 자신의 마음 깊은 곳에서 데미안의 모습을 보게 됩니다. 그건 데미안을 닮은 자신의 얼굴이었죠. 그는 데미안을 친구이자 안내자라고 부릅니다. 우리도 꿈속에서 그를 만날 수 있어요.

〈스타워즈〉의 오비완 케노비는 주인공의 스승으로, 그 역시 데미안의 역할을 하는 안내자입니다. 오비완이 사망한 다음 장면에 주인공 루크가 위기에 처하는데, 그때 루크는 오비완의 목소리를 듣죠. 그는 루크에게 "포스를 이용해. 네 힘을 발산해. 나를 믿어라"라고 말합니다. 여기서 포스는 내공이나 내적 에너지를 뜻해요. 물론 이 역시 마음의 소리로 해석할 수 있습니다. 제 꿈에는 〈스타워즈〉의 요다가 나온 적이 있어요. 민담에서 주인공에게 길을 안내하는 노현자처럼, 그는 안내자로 등장하여 내게 '아가, 저리로 가면 큰길이 나온단다'라고 말해주었어요. 그게 내 내면의 목소리라는 사실이 저에겐 언제나 큰 위안이 됩니다.

꿈의 오브제

내 마음을 보여주는 매개체

꿈에는 사람뿐만 아니라 사물이나 동물들도 많이 나오죠. 사과, 컴퓨터, 목걸이 등이 나오기도 하고, 앵무새, 개미, 뱀 등의 동물들이 보이기도 합니다. 저는 이 대상들을 '꿈의 오브제'라고 부를까 합니다. 꿈에 나타난 대상들에는 생명의 흔적이 고스란히 배어 있습니다. 멋진 집, 빨간 벽돌집, 빈집, 폐허는 모두 꿈꾼 이의 마음을 나타낼 수 있는 좋은 매개들이죠. 꿈에 나온 그 오브제가 내 어떤 부분을 뜻하는지 생각해보세요. 꿈은 항상 매우 위트 넘치는 방식으로 우리의 이야기를 이미지화합니다. 그 대상의 에너지 레벨을 측정해보는 것도 좋겠죠. 내가 현재 '힘 불끈', '기운 펄펄' 무드라면 꿈의 오브제에도 그 상태가 반영된답니다. 기운을 낼 수 없는 상황이라면 꿈속 오브제도 저마다의 방식으로 내 힘겨운 마음을 나타내게 됩니다. 물론 그런 오브제를 어떤 방식으로 다루고 있는지도 중요하겠죠. 무시할 수도 있고, 소중히 감쌀 수도 있고, 파괴할 수도 있고, 관심과 애정으로 보호할 수도 있을 겁니다. 이 역시 당시의 당면 문제에 대한 내 접근 방식을 보여주는 부분들입니다.

오브제와 함께하는 시간여행

꿈의 오브제는 시간의 길을 타고 현재에 나타납니다. 우리가 언젠가 들었던 것, 보았던 것이 어떤 자극에 의해 현재로 소환되죠. 그래서 모든 오브제에는 시간이 묻어 있습니다. 언제 내 삶에 들어왔던 오브제인지 생각해보면, 그 대상의 의미를 파악하는 데 도움이 됩니다. 어떤 맥락에서 처음 대면한 대상인지 떠올려보세요. 어떤 사람과 관련된 대상인가요? 그 대상이 속한 사람에 대해 생각해보세요. 그 감정이 꿈의 오브제에 실려 현재를 찾은 것입니다. 최근 그때와 같은 감정을 느꼈기 때문에 같은 대상이 불려나온 것일 수도 있어요. 최근 경험 중에서 오브제가 속한 과거의 풍경과 유사한 것이 뭐가 있을까 생각해보세요. 이는 과거로의 여행이기도 합니다.

오브제를 통해 과거를 바꾸다

꿈의 오브제들은 모두 현재의 나보다 어린 내가 경험한 대상들입니다. 그래서 꿈에 나온 오브제들 속에는 어린 내가 들어 있어요. 이 대상들을 통해 우리는 어린 나에게 다가가 이렇게 말해줄 수 있답니다. "아가, 겁내지 마." 내가 어린 시절의 나를 만나는 매개가 바로 이 오브제들이죠. 과거는 이미 지나간 시간이므로 결코 바뀔 수 없다고들 하지만, 사실 우리는 과거를 바꿀 수 있습니다. 변한 게 아무것도 없는데도 과거를 다시 해석하고 나면 현재가 바뀐답니다. 늘 그렇게 생각했던 그 부분들에 대해 다르게 해석할 수 있는 기회를 꿈의 오브제를 통해 잡을 수 있습니다. 우린 어렸고 많은 실수를 했고, 그렇게 비싼 수업료를 내며 삶을 배워왔죠. 어느 누구도 처음부터 성숙하고 온전한 어른으로 태어나지 않아요. 중요한 건, 그 한 단계, 한 단계를 거치며 더욱 성숙한 어른이 되어가는 것입니다. 이를 위해서는 나를 제대로 끌어안고 위로해줄 필요가 있어요. 이 과정이 잘 수행되지 않으면, 우리는 우리 삶의 과제를 극복해낼 수 없어요.

예를 들어 삶의 키워드가 죄책감이나 자책인 경우라면 나도, 내 가족도 행복할 수 없습니다. 그 문제를 해결해야 해요. 행복해져야죠. 혹시 행복해지지 않겠다고 결심하고 있나요? 의식적으로는 그걸 모르고 있는 건 아닌가요? 정말 큰 문제네요. 사랑하는 사람들에게 못할 일을 하고 있는 거예요. 미안한 마음을 다른 방식으로, 더욱 긍정적인 방식으로 삶 속에서 표현할 수 있습니다. 그때 못했던 일을 지금 내 주위 사람들에게, 또는 타인에게 해줄 수 있어요. 긍정적인 속죄의 길은 무한히 많습니다. 나를 위해, 내 가족을 위해, 내가 도울 수 있는 많은 사람들을 위해, 나 자신을 벌하는 게 답이라고 생각하는 그 인물에게 다가가 그렇지 않다고 말해야 해요. 꿈속 오브제들을 따라 그의 행방을 수소문해보세요.

상징으로서의 오브제

꿈이 상징으로 오브제를 사용할 때도 많습니다. 제 꿈엔 앵무새가 나왔어요. 개강을 앞둔 시점이었어요. 늘 같은 말만 한다는 느낌이 있었을까요? 그래서 이번 학기에는 강의안을 다시 짰습니다. 새로운 내용을 넣고, 새로운 방식을 선택하고, 강의 내용의 순서도 이전과 다르게 바꿨어요. 이렇게 꿈은 내 삶의 태도를 정확하게 보여줄 대상 하나를 찾는 데 일가견이 있습니다. 백 마디 말로 설명해야 할 태도나 습관을 하나의 오브제로 압축해 보여주는 거죠. 그래서 가끔씩 많이 놀라고, 또 창피해질 때도 있습니다. 모든 게 그 대상 앞에서는 변명의 여지가 없이 투명하게 드러나 버리거든요.

꿈의 키워드

┊ 꿈의 주제어 ┊

전체 주제를 한마디로 표현할 수 있는 중심 주제어를 하나 적어두면 좋습니다. 여행, 정리, 변화 등 꿈 전체를 흐르는 큰 맥이 보인다면 적어두세요. 물론 분석 과정에서 사실은 다른 부분이 훨씬 더 중요했다는 걸 알게 될 수도 있지만, 일단 제일 눈에 띄는 부분을 적어보세요. 저의 을지로 3가 꿈의 경우, 그냥 을지로 3가라고 적어도 되고, 거기서 환승을 해야 한다며 기를 쓰고 그곳을 찾는 꿈이었으므로 '환승'이라고 적어도 될 겁니다. 환승이라는 말 자체에 '변화', '새로운 시작' 등의 의미가 들어 있죠? 감금이 주제어인 경우도 있어요. 화장실에 갇혀서 한참을 못 나오는 꿈 같은 경우죠. 또 배변이 주제어인 경우도 많죠. 그 이외에도 사랑, 경쟁, 증오, 보살핌, 폭력 등 수많은 주제들이 있겠죠.

┊ '정리'라는 키워드 ┊

가끔씩 집을 정리하거나, 폐가를 청소하거나, 더러운 솥을 깨끗하게 닦는 꿈을 꿉니다. 그럴 때 저는 기분이 정말 좋아져요. 혼돈이 사라지고 뭔가 어지럽게 널려 있던 것들이 깔끔하게 정리가 되는 경험은 정말 치유적입니다. 옷가지들이 널브러진 방에 들어가 옷을 하나하나 개어 움직일 수 있는 공간을 확보했다면, 이 역시 멋진 꿈일 가능성이 있죠. 뭔가를 정리할 수 있다는 건, 에너지가 있다는 걸 뜻합니다. 꿈에서도 마찬가지일 수 있어요. 물론 꿈이 전혀 다른 이야기를 하고 있을 수도 있죠. "지금 사귀는 사람이 네 몸과 마음을 괴롭히는데, 너는 왜 그걸 모르니. 정리해!"라는 꿈의 조언일 수도 있습니다. 이 부분은 분석 대목에서 더 자세히 살펴봐야겠죠.

'여행'이라는 키워드

저는 여행하는 꿈을 자주 꿉니다. 진주, 영국, 서울의 이미지가 제일 많이 나오고, 그 밖에 영화에서 본 곳, 소설에서 읽은 곳, 남의 이야기를 들으며 막연히 상상했던 곳이 나와요. 물론 오리무중인 공간이 창조되는 경우도 많습니다. 안내자가 있는 여행기는 최고의 꿈이죠. 프로이트는 정말 힘든 상황에서 여행 꿈을 꿨어요. 집을 벗어나는 사건과 도시를 벗어나는 사건이 겹쳐진 역동적인 꿈이었는데, 여행 중에 프로이트는 자신의 한계를 극복하는 도전을 합니다. 공간을 벗어나는 것 자체가 성장과 성숙을 의미하는 경우들이 있죠. 율리시즈 이야기도 그의 아들 텔레마코스의 여행으로 시작됩니다. 텔레마코스는 아버지의 생사를 확인하기 위해 집을 떠나 여행을 합니다. 이 과정에서 그가 성장하게 되겠죠. 카프카는 아버지의 공간인 프라하를 벗어나지 못했어요. 꿈은 우리를 미지의 공간, 과거의 공간, 새로운 공간으로 인도하여 여행의 기쁨을 만끽하게 합니다. 어린 시절

의 공간을 노닐다보면 마음의 살이 굳기 전의 나 자신으로 돌아가게
되죠.

' 변화'라는 키워드

더러운 것들이 가득한 욕조를 깨끗하게 치우는 꿈을 꾸고 나서 매
우 시원한 느낌을 받았던 적이 있어요. 삶도 그렇겠죠. 막혀 있을 수
도 있고, 그걸 시원하게 뚫을 수도 있을 겁니다. 이를 위해서는 내가
움직여야죠. 아무것도 하기 싫을 때가 있어요. 움직이기도 싫고, 어
떤 변화도 내키지 않아요. 폭력적인 수동성이 우리를 감싸기도 하고
요. 포근하지만 그건 절멸을 위한 준비죠. 꿈은 우리가 주저앉을 때
끊임없이 움직이라고 소리칩니다. 그 변화를 위한 요청이 시끄러울
지경이죠. 그래서 우린 이렇게 말하기도 해요. '개꿈이야.' 개가 오브
제로 등장하는 꿈이 나올 수는 있지만, 세상에 '개꿈'은 없습니다. 모
든 꿈은 소중합니다. 해석할 가치가 있죠. 모든 꿈은 우리에게 말을
걸고 있어요. 오늘 밤 내 꿈의 목소리를 들어보세요.

꿈이 내는 수수께끼

꿈을 향한 질문

꿈은 우리에게 자주 수수께끼를 냅니다. 그게 꿈이 말하는 방식이에요. 그 수수께끼를 푸는 게 바로 꿈 분석과 꿈 해석이죠. 분석은 세부를 잘게 쪼개어 과학적으로 조사하는 과정이고, 해석은 그 의미를 파악하는 작업이라고 생각하면 됩니다. 모든 것은 질문에서 시작됩니다. 자, 우선 꿈 내용 중에 제일 이상해 보이는 부분을 적어보세요. 왜 인물이 그렇게 행동했는지, 왜 나는 특정 행동을 하고 있었는지, 왜 그 장면에서 그런 일이 벌어졌는지, 왜 그 인물이 등장했는지 등을 질문하세요. 왜 꿈에서 나는 특정 장소로 이동하기 위해 그렇게 애를 쓰고 있었던 걸까요? 왜 잊고 있었던 친구가 나타났을까요? 그 인물은 어려운 문제를 어떻게 그렇게 쉽게 해결했을까요? 나에게 길을 알려준 그 어린아이는 누구일까요? 그 사람은 왜 나를 안아주고 내게 입을 맞추었을까요? 왜 꿈속 인물은 계속 남들의 눈치만 보고 있을까요? 왜 잔잔한 물이 아니라 위험해 보이는 파도가 만들어졌을까요? 왜 주인공은 편안한 공간이 아니라 위험한 낭떠러지 끝에 서 있을까요? 왜 지난번과 비슷한 꿈이 나왔을까요? 그 어마어마하게 광활한 자연은 어떻게 만들어졌을까요? 그 신비한 인물은 누굴까요? 왜 생명이 자라지 않는 불모지가 나왔을까요? 왜 밤새도록 꿈속에서 수백 명의 전화번호를 저장하느라 애를 쓰고 있었을까요? 그 의미는 무엇일까요?

꿈의 언어

왜 그냥 편하게 이야기하면 될 텐데 꿈이 굳이 번거로운 수수께끼를 내고 상징을 쓰냐고요? 그게 꿈의 언어예요. 독일 사람을 만나서 한국어로 대화하는 게 어렵듯이, 꿈도 그 자체의 고유한 언어를 가지고 있는 하나의 다른 세상이라고 생각해야 한답니다. 왜 꿈은 대패로 거친 나뭇조각을 다듬는 장면을 보여주었을까요? 허술한 논문을 썼기 때문입니다. 다듬을 필요가 있었거든요. 이건 《꿈의 해석》에 나오는 사례예요. 오후에 한 상점에서 바가지를 쓰고 물건을 산 사람이 그날 저녁 꿈에 도둑을 잡으려고 뛰어다닐 수도 있겠네요. '이 도둑!'이라고 생각했거든요. 꿈은 자주 상징언어를 사용하여 꿈을 만들어놓고, "이게 누구게? 이게 뭐게? 그래서 이건 언젠데? 어떻게 하라는 거게?" 하고 문제를 냅니다.

꿈 언어 배우기

꿈의 언어를 잘 말하기 위해서 가장 먼저 해야 하는 건 '네 뒤에 누구?' 게임입니다. 모든 것의 뒤에 누가 있거든요. 그 '누구'를 찾아내는 게 꿈의 해석이죠. 밤에 딸기 먹는 꿈을 꾼 아이의 경우, 그 뒤에 누가 있느냐고요? 프로이트의 딸이 꾼 꿈인데 매우 단순해 보이지만 사실은 증오와 분노의 드라마입니다. 배탈이 나서 유모가 딸기를 주지 않았거든요. 유모에게 복수하는 꿈이죠. 꿈은 두 사람 또는 세 사람을 하나의 인물 속에 밀어 넣거나, 한 부분과 다른 부분을 뒤바꾸어 이야기를 전하기도 합니다. 꿈은 "어릴 때 엄마가 50원짜리 종이인형은 비싸다고 안 사주셨어"라고 풀어서 말하지 않습니다. 이것을 꿈의 언어로 번역하면, "목이 잘린 머리가 온천에 둥둥 떠다닌다"입니다. 어떻게 된 거냐고요? 제가 다시 번역해드릴게요.

　어린 시절 목욕탕에서 돌아올 때면 늘 문방구를 지나쳤는데, 그때 어머니를 조르면 가끔씩 종이인형을 사주셨어요. 늘 10원짜리를 샀었는데, 언젠가 50원짜리 종이인형 신판이 나왔더라고요. 몇 달을 졸라서 그걸 샀는데, 10원짜리보다 크기가 커서 10원짜리 인형의 옷을 입힐 수가 없었어요. 또 호환이 되지 않으니 50원짜리 종이인형의 목이 떨어지면, 그 옷들은 50원짜리 인형을 다시 사지 않는 이상 쓸 수가 없게 되는 거죠. 그 일은 기어이 일어나고야 말았습니다. 종이인형은 목 부분이 제일 취약해요. 50원짜리 세트를 또 한 벌 사서 옷가지 수를 늘여놓으면 계속 50원짜리만 사야 한다는 사실을 아신 어머니께서는 그 후로 단 한 번도 50원짜리 인형을 사주지 않으셨어요. 목이 잘린 머리가 따뜻한 물에 둥둥 떠다닐 만하죠. 목욕탕을 갈 때면 늘 50원짜리 인형 생각만 했으니까요. 이것이 꿈이 말하는 방식이랍니다.

꿈이 원하는 것

그래서 꿈의 질문은 겉보기에는 정말 뜬금없어 보여요. 어디서 온 표현인지, 그러니까 이제 뭘 어쩌라는 건지 오리무중이죠. 그런데 사실 모든 꿈의 질문에는 하나의 공통점이 있습니다. 꿈이 무엇인가를 원하고 있다는 겁니다. 그래서 가장 먼저 해야 하는 질문은, '꿈이 내게 뭘 원하고 있나'입니다. 왜 을지로 3가로 가야 한다고 말하는 걸까요? 도대체 꿈이 원하는 게 뭐죠? 꿈은 제가 환승해야만 한다고 말하네요. 환승! 이전의 태도를 버리고 새로운 태도로 갈아타라는 거죠. 꿈이 원하는 것은 매우 명확합니다. 꿈은 제가 지금의 이 태도를 고수하여 같은 실수를 영원히 반복하게 되지 않길 바라고 있어요. 이 사태를 막기 위해 꿈은 제게 조언을 하고 있습니다.

내 무의식의 진실

그냥 이렇게 사는 게 좋은데, 별 문제가 없는데, 도대체 왜 꿈은 나를 괴롭히는 걸까요? 왜 이런 질문들을 던지고, 어떻게 해야 한다, 어떻게 하면 안 된다 조언을 하는 걸까요? 그냥 이렇게 살면 될 텐데 … 그런데 새로운 어떤 것도 배우지 않고, 지금의 한계 속에서 저지르는 실수들을 죽을 때까지 반복하며 사는 삶이 과연 행복할까요? 모든 것이 멈춘 상태, 한 걸음도 전진할 수 없는 상태, 그게 지옥 아닌가요? 꿈이 우리에게 질문을 던지는 이유는 마음속 깊은 곳에서 우리 자신이 변화를 원하기 때문입니다. 꿈이라는 게 결국 나 자신의 목소리거든요. 내 안에서 나오는 내면의 목소리, 내 무의식의 진실, 바로 그게 꿈이에요.

꿈은 현재를 이야기한다

꿈은 과거의 오브제들로 질문을 만들어요. 하지만 그 질문은 우리의 현재에 대한 것이랍니다. 왜 50원짜리 종이인형이 40년 후의 꿈에 나왔겠어요? 그게 과거의 이야기일까요? 아니죠. 그건 내 현재에 대한 이야기입니다. 호환이 되지 않은 인형들은 내게 무슨 이야기를 하고 있나요? 인형들도 서로 통하지 않고, 어머니도 내 마음을 몰라 주었다는 점에서 저와 통하지 않았죠. 큰 인형의 목은 기어이 떨어졌고, 큰 옷들은 쓸데없이 낭비되었어요. 목욕탕은 제게 '불만'이나 '단절'이라는 키워드들과 통하는 단어예요. 현재의 관계 속에서 내가 그런 불만과 단절을 경험하고 있었던 거죠.

다른 미래를 위하여

왜 꿈은 저를 을지로 3가로 가게 했을까요? 왜 꿈은 제가 반드시 환승해야만 한다고 말하는 걸까요? 그것은 다른 미래를 가능하게 만들기 위해서입니다. 현재에 대해 질문하지 않고, 내가 변하지 않으면, 우리는 예정된 미래로 나아갈 수밖에 없어요. 하나의 길, 예언된 길만이 우리를 기다리죠. 그걸 운명이라고 부르는 사람도 있습니다. 그 사람과 잘 되지 않은 것도 운명이고, 그 일을 못 하게 된 것도 운명이고, 관계가 소원해진 것도 운명이었어요. 그러나 꿈의 질문을 경청하고 그 목소리를 이해한다면, 그리고 꿈의 조언에 따라 우리의 현재를 바꾸어간다면, 우리에게 다른 미래가 펼쳐진답니다.

〕 꿈의 질문에 답하다 〔

꿈의 내용 중 이상한 부분에 대해 질문을 했다면, 꿈 해석 후 그에 대한 답을 제시할 수 있어야겠죠. 그렇다면 정답이란 게 있을까요? 하나의 정답이 있고, 꿈이 처음부터 설정해둔 그 정답을 우리가 찾아야만 하는 걸까요? 정답이 있다면 그 정답으로 가는 하나의 분석이 있다는 뜻이고 언제, 어떻게 분석을 하건 그 정답이 나와야만 한다는 뜻이에요. 그런데 꿈의 해석에서는 개별적인 분석이 중요하다고 했었잖아요. 그렇다면 어떻게 하나의 해석, 하나의 정답이 가능하죠? 당연히 불가능합니다. 꿈의 질문에 대한 정답은 찾는 것이 아니라 창조하는 거예요. 내가 만드는 거죠. 만약 내가 둥둥 떠 있는 머리에 대해 목욕탕 에피소드가 아니라 바그너의 일화를 연상한다면 어떻게 될까요?

바그너는 신진 작곡가들을 교육시킬 때 둥둥 떠다니는 머리 하나를 상상하라고 했대요. 그리고 그 머리가 노래하는 순간을 포착하라고 했다는군요. 이 경우 둥둥 떠 있는 머리의 정답은 '영감'이겠네요. 이렇게 수수께끼의 정답은 각자의 연상 속에서 스스로 창조하는 것입니다.

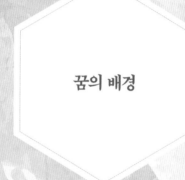

꿈의 배경

⸬ 요즘 나는… ⸬

꿈을 분석하기 위해 해야 할 가장 중요한 일은 내 마음이 현재 어떤 것들로 채워져 있는가를 생각해보는 것입니다. 어제 일 중 기억나는 것, 요즘 많이 생각하는 것, 나를 괴롭히는 생각, 사람, 일, 나를 들뜨게 만드는 생각, 사람, 일 등 내 마음에 가득한 생각들을 써보세요. 또 오늘 해야 할 일이 스트레스로 작용하여 관련된 부분이 꿈의 재료로 사용되었을 수도 있어요. 그래서 오늘 할 일을 적어보아도 좋습니다. 이 모든 최근 경험들에서 가장 중요한 질문은 내가 요즘 어떻게 지내고 있는가입니다. 나는 요즘 어떻게 지내고 있나요? 힘든가요? 왜요?

⸬ 꿈 일기 속 일기 ⸬

사실 이 부분은 일기라고 생각하면 됩니다. 요즘 내가 제일 많이 생각하고 있는 것에 대해 이야기해주세요. 걱정되는 것, 요즘 스트레스 받는 일이나 최근 경험한 멋진 일들, 기억하고 싶은 사람과 사건들에 대해 쓰면 되는데, 일기처럼 감정의 변화나 내 생각들을 기록하면 돼요. 특히 어제 있었던 일 중 내 마음에 가장 강하게 남아 있는 것에 대해 일기를 쓰듯 써보세요. 일기에서와 같이 사소한 일정들을 적어둘 필요도 있습니다. 선물 사기, 회식, 장보기, 세금 내기 등 꿈은 가장 가까운 계획과 경험과 기억들을 재료로 이용한답니다. 어제 한 일과 오늘 할 일들을 기록하고, 그 일들에 대한 내 생각들도 함께 적어보세요.

건강 체크하기

  정신 건강과 더불어 내 몸의 건강 상태도 매우 중요한 부분입니다. 혹시 불편한 부분, 아픈 곳이 있나요? 약을 복용하고 있나요? 내일이 진료일인가요? 혈압이 낮은가요? 콜레스테롤 수치가 높은가요? 고지혈증인가요? 부정맥인가요? 이명이 들리나요? 늘 피곤한가요? 내 몸과 마음의 상태에 따라 특정 꿈들이 나타난답니다. 붉은 살코기와 시금치는 한 번도 먹지 않으면서 헤모글로빈 수치가 낮다며 의사가 처방해준 철분제를 복용하기 시작했나요? 우리 몸과 마음에 퀵 솔루션이란 존재하지 않아요. 하룻저녁에 살이 빠지거나, 한 알의 약으로 몸과 정신의 문제가 해결되는 기적에는 늘 매우 큰 대가가 따르죠. 쉽게 살을 빼면 쉽게 다시 먹을 테고, 쉽게 회복한 듯 보이는 건강을 소중히 건사할 리 없죠. 내 몸의 이야기도 여유롭게 들어볼 필요가 있답니다.

가족들과의 관계

요즘 내 가족들과 잘 지내고 있나요? 꿈은 그들이 어떻게 지내고 있는지 이야기해주기도 합니다. 내 남편의 별명이 있나요? 남편을 지칭하는 오브제가 내 꿈에 나왔다면 현재 나와 남편의 관계에 대해 생각해볼 수 있는 중요한 자료겠죠? 남편과 소통이 안 되는 상황이라면, 남편을 가장 친한 친구로 느끼는 경우와는 전혀 다른 장면이 그려질 겁니다. 아이들과의 관계도 마찬가지입니다. 아이들을 돌보는 일이 너무나 힘겹게 느껴지는 상태라면, 우리 큰 아이가 이제 다 컸다며 대견해하는 부모와는 다른 꿈을 꾸게 됩니다. 그래서 현재 내 가족들과의 관계에 대해 생각해보고 적어둘 필요가 있답니다.

부모님과의 관계

우리가 가장 많은 시간을 보낸 장소, 우리가 가장 많이 만난 사람, 우리가 가장 많이 경험한 일들이 우리 기억 속에 가장 강하게 각인되어 있는 부분이겠죠? 그건 바로 우리 부모님에 대한 이야기일 겁니다. 보살펴드리지 못했다, 늘 속을 썩여왔다, 늘 나보다는 언니를 좋아하셨다, 늘 편찮으셨다, 내게 의지하셨다, 늘 우울해하셨다, 늘 격려해주셨다, 늘 야단치셨다, 내가 최고라고 하셨다, 늘 비판하셨다, 나를 인정하셨다, 늘 내 일에 개입하셨다 등 우리가 기억하는 부모님의 모습들이 있죠. 그 모습들은 다른 경험들보다 훨씬 깊이 우리 마음에 각인되어 있습니다. 특별히 배경으로 적을 만한 일들이 많지 않을 때는 내 부모님에 대한 이야기를 적어보세요. 내가 하고 싶었던 이야기도 좋고 부모님에 대한 내 기억도 좋습니다.

나에 대해 써보기

50원짜리 종이인형 에피소드처럼, 내 과거의 이야기를 적어보는 것도 좋답니다. 어제 있었던 일에서 시작해서 연상되는 과거 에피소드를 언급하면 나중에 분석할 때 도움이 될 겁니다. 나는 늘 소심한 아이였다, 능동적인 아이였다, 아픈 아이였다, 친구가 많았다, 이사하는 게 싫었다, 현재에 만족하지 못했다, 현재에 감사했다, 내가 원하는 대로 되지 않았다, 모든 게 다행스러웠다, 불만이 많았다, 모든 일에 만족했다 등 내가 어떤 아이였는지, 내 삶의 색깔을 바꾼 중요한 계기들이 무엇이었는지 떠올려보는 것도 중요합니다. 이 이야기들은 모든 꿈의 배경으로 설정되어 있답니다. 이와 같은 근본적 태도와 생각을 바꿀 필요가 있을 때 꿈이 반복되기도 합니다. 나는 어떤 사람인지 한번 생각해보세요.

내 삶에서 반복되는 것들

만약 항상 어머니의 기사가 되어 어머니를 보호하는 역할을 맡았던 사람이라면, 학교나 직장에서, 친구들 사이에서, 그리고 동료들 사이에서 유사한 역할을 맡게 될 것입니다. 어머니와 동일한 위치에 있는 친구가 있다고 가정해볼까요? 말 한마디도 못하고 늘 다른 친구들 때문에 속상한 일을 당해요. 그럼 난 어떻게 할까요? 그 친구에게서 어머니를 보게 되겠죠. 그리고 나는 자청하여 그 친구의 기사가 될 겁니다. 나는 지금 그 친구를 보호하고 있는 게 아니라, 어머니의 기사 역할을 반복하고 있는 거예요. 그러니 온전한 친구 관계가 불가능하죠. 이건 친구 잘못이 아니에요. 내가 내 삶의 반복을 현재 속에서 수행하고 있는 것일 뿐이에요. 근본적인 반복에 대해 생각할 수 있다면, 우리는 오롯이 현재의 관계에 집중할 수 있게 됩니다. 그게 건강한 관계겠죠.

새로운 변화들

배경 부분에 좋은 일들을 적어두는 것도 중요합니다. 한 가지 이상의 다행스러운 일들, 어제 내가 경험한 일들 중 새로운 것들을 적어주세요. 지금 내 삶에서 조금씩 변해가는 조각들을 먼저 점검하는 일은 매우 중요합니다. 꿈 분석을 하는 동안, 그 새로운 부분이 어떻게 기존의 부분들과 어우러지고, 그 속에서 어떤 역할을 하게 되는지 전체 지도를 그리게 될 수도 있답니다. 그저께는 몰랐는데 어제 새로 알게 된 것, 생각이 달라진 부분, 내 삶에 새로 들어온 요소들 등을 적어보세요.

나와의 대화

나 자신 돌보기

이 부분은 시간을 내어 나 자신에 대해 더욱 깊이 있게 생각해보는 대목입니다. 자, 다음 질문에 답해보세요. 나는 지난 한 주 동안, 내가 좋아하는 일을 나 자신에게 해준 적이 있나요? 내가 편안해하는 곳에 나를 데려간 적이 있나요? 내가 좋아하는 사람을 만나게 해주었나요? 내가 하고 싶은 일을 하게 해주었나요? 나는 나를 위해 어떤 일들을 해주었는지 적어보세요. 이 부분이 중요한 이유는 만약 이런 생각을 하지 않은 채, 나 자신에게 참고 견디기만을 강요할 경우, 꿈 속 인물들도 똑같은 상황에 내몰리기 때문이랍니다.

이제 반대 질문을 하겠습니다. 지난 한 주 동안 내가 너무나 싫어하는 일인데 억지로 하게 한 일들이 있나요? 내가 가기 싫은 곳인데 가게 한 적이 있나요? 내가 만나기 싫은 사람을 만나야만 한다고 스스로에게 다그친 적이 있나요? 혹시 이 일들을 지난주만이 아니라 늘 습관처럼 자신에게 해오고 있지 않았나요? 이 중 바꾸고 싶은 부분이 있나요? 나와의 대화 속에서 나를 보살피기 시작하면 꿈이 변하기 시작한답니다. 꿈이 변하면 현실 속 변화의 가능성도 높아집니다.

도저히 힘이 나지 않는 경우도 있죠. 나 자신을 챙기는 것 자체가 힘겹게 느껴질 수도 있습니다. 나를 돌보기 위해 어디서부터 무엇을 어떻게 해야 할까요? 나 자신과 대화하는 방법에 대해 조금 더 생각해봅시다.

내 인생의 화두는 무엇인가

내 삶의 화두는 무엇인가요? 내가 내 삶의 일들을 결정하기보다 매사를 부모님 말씀에 따라 결정하고 있다면, 그 사람의 화두는 '독립'입니다. 자연의 이치와 마찬가지로 꿈도 균형과 조화를 위해 우리에게 조언을 합니다. 독립적이지 못한 사람의 경우에는 홀로서기의 여정을 겪어야 하겠네요. 이 여정에서 그는 스스로 선택하고 결정하고 그것에 책임지는 어른으로 성장하겠죠. 돌아가신 어머니께 평생 죄송한 마음을 가지고 사는 사람이라면, 그 사람의 화두는 '죄책감'입니다. 죄책감이 삶의 기반에 깔려 있는 사람은 이와 함께 '형벌'이라는 끔찍한 짝패를 마음에 품고 있습니다. 내가 죄를 지었으니 벌을 받아야 한다는 거예요. 벌에 해당하는 어떤 일이 생기면 그의 죄책감이 경감되죠. 그래서 벌을 구하는 방향으로 불행한 삶을 살아갑니다. 여기서 그의 불행한 삶보다 더 큰 문제는 그가 사랑하는 사람들 모두이 불행을 함께 겪어야 한다는 겁니다. 꿈 분석의 여정은 궁극적으로 이 화두들을 해결해나가는 과정입니다.

내 삶의 관계들 들여다보기

나 자신이 미울 때가 있어요. 몸과 마음이 괴로운데도 도저히 다르게 살 수가 없는 거죠. 그럴 때 우리는 조금 빠른 답을 찾고 싶어 하기도 합니다. 약을 먹는 거죠. 더 이상 우울하지 않게 만들면 되잖아요. 혹시 〈세상에 나쁜 개는 없다〉라는 EBS 프로그램을 본 적이 있나요? 사람을 무는 개, 짖는 개, 똥을 먹는 개, 아무 데나 오줌을 지리는 개는 나쁜 개잖아요. 제목은 그렇지 않다고 말하네요. 세상에 나쁜 개는 없대요. 착한 개가 그렇게 한다는 건, 그럴 만한 이유가 있었다는 것이고, 우리가 할 일은 그 이유를 찾는 것이라는 전제네요. 그 이유라는 것은 언제나 반드시 인간과의 관계 속에서 밝혀집니다.

그런데 사람의 경우를 생각해볼까요? 이런 경우도 있죠. 가족은 모두 집에 있고, 정신적 괴로움을 겪는 사람이 혼자 정신과 의사를 찾아가 항우울제나 수면제 처방을 요청하기도 합니다. 개의 문제도 언제나 관계 속에서 문제를 해결해야 한다는데, 이 원칙이 사람에게는 적용되지 않네요. 시어머니도 남편도 모두 집에 있는데, 며느리가 혼자 병원에 가서 항우울제 복용을 시작했어요. 어떻게 생각하세요? 제가 이 부분을 강조하는 이유는, 치유에서 관계가 맡은 역할을 강조하기 위해서입니다. 관계가 고려되지 않는 상황에서 그 사람은 치유될 수 없습니다. 내 문제를 정말 해결하길 원한다면 우리는 삶의 관계들을 들여다봐야 해요.

절망에서 벗어나기

삶이 힘든 시기가 있죠. 그럴 때 우리에게 에너지가 있어야 돌파구를 찾을 수 있습니다. 절대로 약이 마술처럼 우리의 에너지를 높여줄 거라고 기대하지 마세요. 그건 나 자신만이 할 수 있는 일입니다. 아무리 노력해도 힘이 나지 않고, 일주일 내내 날 위해 해준 건 하나도 없이 멈춘 시간 속에 살고 있다면. 그렇다면 어떻게 해야 할까요? 여러분이 힘을 내지 못하면 이 책을 단 한 페이지도 넘기지 못할 거예요. 그럴 기운이 없는 거죠. 꿈을 적는 일도 다 귀찮을 겁니다. 그냥 좀 이렇게 있고 싶을 수도 있어요. 물론 아무것도 하지 않는 것 역시 내가 나 자신에게 해줄 수 있는 큰 선물일 수 있습니다. 그 시간이 필요하면 그렇게 하세요. 그렇지만 만약 이 상태가 내 몸과 마음을 더 아프게 만드는 증상이라면, 우린 자신을 이 상태로부터 구해내야만 합니다. 힘을 내라는 말이 들리지 않을 거예요. 생각하고 싶지 않고, 펜 잡는 것조차 다 부질없게 느껴질 수 있습니다. 〈다크 나이트 라이즈〉에는 끝없이 깊은 구덩이가 나와요. 그건 우리 모두가 한 번쯤 빠지는 절망의 구렁텅이일 것입니다. 이 구렁에서 나 자신을 구출해야 합니다. 그것이 꿈 분석의 목표랍니다.

에너지 되찾기

어떻게 하면 내면의 에너지를 다시 되찾을 수 있을까요? 급하게 생각하지 말고, 일단 하나씩 나를 위한 일들을 준비해볼까요? 우선 내가 사는 집에서, 또는 내가 있는 방에서 편안함을 느끼는 장소는 어디인가요? 저는 오피스텔 옷장 잎 바닥에 앉는 걸 좋아했어요. 방이 엉망이라고요? 집이 아수라장이어서 지나다닐 수도 없다고요? 일단 그건 치우셔야겠네요. 아무 생각 안 해도 돼요. 생각하지 마세요. 쓰지도 마시고, 꿈 생각도 하지 마세요. 아무 생각도 하지 않기 위해 음악이 필요하면 음악을 틀어놓고 일단 하나씩 정리해볼까요? 개수대에 쌓인 그릇들을 설거지하고, 바닥에 널린 물건들을 집어 올리고, 떨어진 머리카락도 집을게요. 방을 환기하고, 물건을 정리해서 공간을 확보하고, 일단 보이는 먼지만 닦아주세요. 아무 생각 없이 시작해보세요. 다 했으면, 물 한 잔을 마신 후 내가 좋아하는 그 공간으로 가서 앉아 볼게요. 크게 심호흡 한 번 하고 다음 목록을 떠올려볼까요? 내가 좋아하는 외부 공간은 어디인가요? 저는 특정 책방을 좋아해요. 집에서 한 시간을 걸어야 갈 수 있는 곳인데, 거기에는 정말 예쁜 책들이 많아요. 앉아서 책을 볼 수 있는 곳도 있고, 조명이 너무 아늑하답니다. 노트를 하나 가지고 가서 몇 시간씩 백지에 그림도 그리고 낙서도 하고 글도 쓸 수 있죠. 당장 나가지 않아도 되니 일단 떠올려만 보세요. 내가 제일 좋아하는 공간은 어디인가요? 거기서 뭘 하고 싶은가요? 잘 하셨어요. 여러분은 지금 나 자신을 위해 정말 많은 걸 한 셈입니다.

｜산책 준비｜

이제 나갈 차례죠? 든든히 드셨나요? 정신건강은 반드시 몸 건강이 뒷받침해주어야 한답니다. 잘 드셔야 해요. 저는 구청 식당이 참 좋아요. 가까운 대학교 식당들, 병원 식당들도 좋고요. 혼자 가도 좋고 가족이 함께 가서 잘 먹고 올 수도 있는 깨끗하고 저렴한 곳들 리스트를 가지고 있으면 편리합니다. 내 안으로 들어온 것이 나를 위한 에너지를 만들어요. 그래서 음식은 무엇보다 중요한 꿈의 재료랍니다. 저는 아침에 화장실을 가지 않으면 하루 종일 몸이 뻐근해서 꼭 한 시간을 화장실을 위해 비워둡니다. 그게 제 에너지의 원천이에요. 내보내고 나면 순환이 가능해지잖아요. 그리고 씻죠. 자, 이제 옷을 입어야 하는데, 옷장 속의 옷들이 다 구겨져 뒤엉켜 있네요. 우리 산책을 좀 미룰까요? 옷을 모두 꺼낸 후 하나씩 정리해볼게요. 이번에도 아무 생각 하지 않아도 됩니다. 그냥 기계적으로 해봐. 생각보다 빨리 끝났네요? 수고했어요. 잘 했어요. 입고 싶은 옷이 하나 눈에 띄나요? 씻고 와서 그 옷을 입으세요. 이제 나가볼까요?

나와 대화하기

그 장소에 도착했나요? 하고 싶은 일이 있었다면 그걸 하세요. 물론 아무것도 안 적어도 되고, 아무 생각 안 해도 돼요. 혹시 모르니 일단 노트와 펜은 가지고 나가보세요. 집에 돌아오기 전, 여유가 생기면 다음 질문에 대해 생각해보겠어요? 친구 한 명의 이름, 내게 소중한 물건 하나, 마음에 간직한 기억 하나. 그냥 생각만 해도 됩니다. 적어도 되고 군이 안 적어도 돼요. 이런 것도 떠올려볼까요? 혹시 언젠가 나를 도와준 사람이 있었나요? 그 사람이 한 말 중에 기억에 남는 말이 있나요? 왜 그 말이 기억에 남았나요? 이런 것도 생각해볼까요? 현재를 제외하고 내 인생에서 가장 힘들었던 순간은 언제예요? 그때 내 몸과 마음이 어땠나요? 지금 그보다 상태가 더 나쁜가요? 억지로 다음 부분도 떠올려보겠어요? 지금 이 순간 그래도 다행스러운 게 있나요? 마지막으로, 내가 가지고 있지 않은 것, 내가 가지고 있는 것, 내가 가지고 싶은 것을 떠올려볼까요? 잘 하셨습니다. 이제 하나만 더 부탁할게요. 노트에 지금까지 생각했던 것들 중 기억하고 나서 기분이 좋아진 것 하나만 적어주세요. 수고하셨어요. 여기까지 기운을 내주셔서 정말 기뻐요. 우리는 지금 잠시 멈추어 나 자신과 대화를 하고 있습니다.

| 다시 꿈꿀 시간 |

내게 소중한 것, 내가 좋아하는 것, 내게 의미 있는 것을 하나라도 찾았다면 성공입니다. 뭘 하라고 말하지 않을 거예요. 계획을 세우라고 하지도 않을 겁니다. 지금 우리는 꿈 일기를 통해 내 마음이 어떻게 움직이고 있는지, 근본적인 불안이 무엇이었는지 찾아가고 있어요. 물론 이는 궁극적으로 다시 꿈을 꾸기 위해서죠. 그렇지만 급하게 생각하지 마세요. 천천히 시간을 두고 꿈이 이끄는 대로 따라가면서 꿈이 뭐라고 말하는지 경청해보세요. 지금 우리는 내 상태를 점검하고, 무언가를 시작할 수 있는 최소한의 에너지를 확보하는 작업을 하고 있습니다. 마지막으로 노트를 꺼내 아까 적은 그 하나를 다시 한 번 보세요. 종이 한 장에 그 말을 조금 크게 써볼까요? 그 종이를 잘 보이는 곳에 붙여둘게요. 몸이 조금 가벼워졌나요? 당장 꿈을 받아 적으라고 말하지 않을 겁니다. 그냥 꿈이 나오면 잠시 멈추어 마음을 줘보세요. 그리고 그 이야기를 적고 싶을 때까지 시간을 보내세요. 그러다 어떤 꿈을 만나게 될 겁니다. 그때 그 꿈을 적어주세요.

꿈의 해석

〔 꿈과의 대화 〕

이제 본격적으로 꿈을 분석하고 해석하는 부분입니다. 지금까지 조금씩 말씀드렸죠? 모두 이 부분을 위해서였답니다. 꿈의 해석은 내 마음과 소통하는 지름길입니다. 왜 그런 꿈이 만들어졌는지 생각해보고, 꿈이 나의 마음과 몸의 건강에 대해 뭐라고 조언을 하는지 들어보면 이제 어디로 가야 하는지 방향이 나타납니다. 꿈은 우리에게 우리 몸과 마음의 조화와 균형이 깨졌다는 걸 알려주기도 하고, 어떻게 하면 다시 균형을 되찾을 수 있는지 조언해주기도 하죠. 우리가 잊고 있던 사람들을 만나게 해주기도 하고, 우리가 보고 싶지 않은 사람을 불러오기도 해요. 자 이제 분석을 통해 그 의미를 한 번 알아볼까요?

〔 자유롭게 연상하기 〕

제일 먼저 할 일은 일기에 쓴 꿈 내용을 한 줄, 한 줄 읽어가면서 각 부분과 관련된 것들을 자유롭게 떠올려보는 겁니다. 자유연상이라고 하는데요, 이게 꿈 분석의 가장 중요한 도구랍니다. 단 하나의 도구로 꿈 분석을 시작할 수 있어요. 꿈의 내용을 한 줄씩 읽으며 연상을 이어가보세요. 물론 어떻게 연상이 전개되는지 기록해야 해요. 나중에 잊어버리거든요. 눈에 띄는 형용사를 중심으로 연상해봐도 됩니다. '차가운', '따뜻한' 등이 나왔다면, 그 말에서 다른 어떤 게 떠오르나요? 눈에 띄는 문장을 중심으로 연상해보세요. '그렇게 할 필요가 없었다'라는 문장을 읽었는데 갑자기 어떤 기억이나 정보가 떠올랐다면 그걸 적어보세요. 꿈의 세부에 대해 연상을 하며 떠오르는 것들을 자유롭게 기록하세요. 영화 제목, 소설 제목, 작가, 음악, 드라마, 웹툰, 그림, 유명인 등 꿈에 나온 이야기들과 관련된 것을 모두 자세히 적어보는 것도 중요합니다.

자유연상이란 꿈의 세부에서 시작하여 내 삶 속으로 연상을 이어가는 방법이라고 설명할 수 있습니다. 꿈속 인물이 당황하는 장면이 있었다면, 언제 내가 그렇게 당황했었는지로 연상이 이어질 수도 있고 당황할 만한 일이 아니었는데 왜 그렇게 반응했는지 질문한 후, 그런 태도를 가진 사람에 대한 기억으로 연상을 이어갈 수도 있을 겁니다. 자유연상이란 그 사람의 개성 자체를 뜻해요. 누구라도 다른 사람과 똑같은 것을 연상하게 되지는 않는답니다. 예를 들어, 나는 노란 지갑이라는 꿈속 오브제에서 노란색을 좋아하던 어머니로 연상이 이어져 울컥하고 그리움이 되살아날 수 있지만, 다른 사람의 꿈속에 나타난 노란색이 그런 연상으로 이어질 확률은 낮습니다. 자유연상이란 이렇게 그 사람만의 이야기를 담은 사연이랍니다.

꿈의 내용은 꿈의 의미와 다르다

연상을 하다보면 처음 꿈 내용과 전혀 다른 이야기들이 나오죠. 그래서 꿈의 내용을 곧이곧대로 받아들일 필요는 없습니다. 가끔 강의 후 연구실로 올라갔을 때 동료 교수님이 저를 기다리고 있을 때가 있어요. 제 연구실 앞에서 안절부절 못하고 계신다면 십중팔구 악몽을 꾸신 겁니다. 꿈에 사랑하는 사람이 많이 다쳤다며 오신 분들이 많아요. 저는 이론가이기 때문에 상담이 아니라 친구 사이의 대화로 이해해야 한다고 말씀드린 후 어떻게 그 꿈을 해석할 수 있는지 분석 방법을 알려드립니다. 그러면 그 교수님께서 직접 자유연상을 통해 자신의 꿈을 분석하죠. 그리고 곧 해석에 도달합니다. 다친 사람이 사실 나 자신이었다는 걸 알게 되기도 하고, 제3자에 대한 이야기가 그렇게 반영되었다고 해석하기도 합니다. 다시 말해, 악몽을 꿨다고 해서 너무 불안해할 필요는 없답니다. 꿈을 해석해보면 의외로 엉뚱한 이야기가 드러나거든요. 그래서 세부 내용을 분석하기 전까지는 해석과 판단을 보류하는 게 좋습니다.

보이는 그대로 해석하기

그런데 가끔은 의미가 너무 명백해서 꿈이 보여주는 걸 그냥 있는 그대로 보고 느끼면 되는 경우도 있답니다. 예를 들어, 생명의 기운

이 전혀 없거나, 꿈에서 깬 후 나를 너무나 위축되게 만드는 힘든 꿈들은 그 자체가 내 힘든 마음을 반영하는 꿈들일 수 있습니다. 풀 한 포기 없는 황량한 배경이 나오는 꿈과 생명력 가득한 배경은 매우 다른 상황이라 할 수 있죠. 가끔은 복잡한 분석 없이 이렇게 꿈의 기운이 차가운지 아니면 따뜻한지 먼저 한번 생각해보고 내 현재 상태를 가늠해볼 수도 있답니다. 차갑고 황량한 꿈은 저색경보일 수 있어요.

저는 하나의 꿈을 두 가지로 분석해봅니다. 즉 있는 그대로의 느낌도 보고, 또 이와 더불어 세부 자유연상을 통해 다른 이야기가 드러나게 분석을 하기도 하죠. 그렇게 하면 꿈 해석이 더욱 풍성해진답니다. 혹시 둘 중 하나가 틀리지 않느냐고요? 아뇨. 둘 모두 내 생각들, 내 느낌들이잖아요. 그렇다면 그건 모두 내 이야기로 간주할 수 있습니다. 둘 모두 나의 어떤 부분들을 보여주고 있는 거죠.

｜ 언어분석 ｜

자유로운 연상 작업에서 빠질 수 없는 부분이 언어분석입니다. 저는 트럭 안에 나비가 갇힌 걸 보고 너무 급해서 "가비가 난혔어요!" 하고 외친 적이 있어요. '나비'와 '갇히다'가 의식할 수도 없는 섬광의 순간에 '가비'와 '난혔다'로 뒤바뀐 거죠. 생각을 하고 말해도 그 속도로 이런 작업을 할 수 없을 텐데 참 신기하죠. 언어는 신발 뒤축에 껌이 달라붙듯, 우리 마음에 들러붙어 있답니다. 그래서 아무리

털어내려 해도 약간만 변형될 뿐 우리의 감각과 감정에 딱 달라붙어 떨어지지 않아요. 제 이름을 잊었는데, '아… 뭐더라… 거지였나?'라고 연상하지는 않죠. 제 이름이랑 그래도 조금은 비슷한 걸 떠올릴 겁니다. 꿈도 언어로 받아 적잖아요? 이 과정에서 언어 속에 그려져 있는 우리 마음의 지도가 드러나는 거예요. 그래서 꿈의 언어를 분석하면 꿈의 의미를 이해할 수 있게 되죠. 예를 들어볼까요?

내가 언젠가 특정 회사에 대해, "사장의 갑질과 부패한 임원들, 이 회사는 정말 썩어빠진 사람들로 가득하네"라고 생각했다면, 그 회사에 대한 이야기가 상한 우유를 마시는 꿈으로 나올 수도 있답니다. 왜 우유가 상했을까요? '상한'을 가지고 언어 놀이를 해봅시다. '상한' ☞ '썩은' ☞ '부패한'이 되겠네요. 중 2짜리 아들이 꿈에 멋진 크리스털 샹들리에를 보았다면, 옆 반 수정이를 좋아하는 마음이 반영된 것일 수도 있습니다. '크리스털' ☞ '수정' ☞ '옆 반 수정이'로 연상이 이어질 수 있죠. 프로이트의 《꿈의 해석》의 95%는 언어 놀이를 통한 꿈 분석이라고 말할 수 있답니다.

경험의 조각들

꿈 해석을 위해 우리는 우리의 경험들을 떠올려야 합니다. 꿈에 무서운 느낌이 들었다면 언제 실제로 그렇게 무서웠는지 생각해봐야겠죠. 언제 그 대목과 관련된 경험을 했는지 생각해보세요. 만약 어린

아이가 여행 가는 꿈을 꾸었다면 그 아이는 적어도 실제로 여행을 가본 적이 있거나, 여행기를 읽은 적이 있거나, 여행에 대한 영화를 본적이 있을 겁니다. 한 번도 직접, 또는 간접적으로 경험하지 않은 것은 결코 꿈 재료로 사용되지 않습니다. 꿈에 나온 모든 단어들은 각각이 다 하나의 실타래랍니다. 마지막에 튀어나온 실 끝 부분이 바로 그 단어인 거죠. 그래서 연상을 이어가기 시작하면, 실타래가 풀리며 우리의 경험이 이야기를 만들어냅니다.

꿈의 분류표

꿈은 비슷한 사람들과 대상들을 분류해둡니다. 그래서 한 사람에 대해 이야기하고 싶을 때 그 항목 속에 있는 다른 인물을 데리고 오기도 해요. 또는 언급하고 싶은 사람의 특징 두 개를 선택한 후, 각각의 특징을 가지고 있는 두 사람들을 전혀 다른 곳에서 가지고 와 한 사람으로 합쳐버립니다. 또는 두 사람이 꿈속 등장인물 하나에 압축되는 경우도 있어요. 그 둘이 어떤 특성을 공유하고 있기 때문일 수도 있답니다. 두 사람이 모두 내가 평소에 못마땅하게 생각하던 동일한 특성을 가지고 있다거나, 둘 모두 여행을 많이 하는 사람이거나, 싱글이거나, 부부 금슬이 좋은 사람들이거나, 키가 작은 사람일 수도 있습니다. 물론 여기에는 내 편견이나 생각이 포함될 수도 있죠. 꿈에는 내 평소의 생각이 고스란히 드러나요.

﹛ 꿈의 해석 ﹜

그것을 경험할 당시에는 아무렇지도 않은 듯 넘겼지만, 사실 나는 괜찮은 '척'하고 있었던 거예요. 꿈에 나왔잖아요. 그건 자극이 되었었다는 뜻이거든요. 우리의 자아는 스스로에게 매 순간 '괜찮아, 괜찮아'를 연발하며 견디게 만들지만, 꿈은 '너 안 괜찮아', '너 괜찮은 거 아니야'라고 소리친답니다. 꿈은 경험에 대한 내 진짜 생각을 들려줘요. 예의상 하는 말들이 참 많죠? '괜찮습니다. 아니에요. 신경쓰지 마세요.' 그런데 꿈을 보면 당시 내가 사실은 '너무해, 이게 뭐야, 이러면 어떻게 해. 너 다시는 안 볼 거야. 언젠가 똑같이 해줄 거야'라고 생각했다는 걸 알 수 있어요. 내 의식과 무의식이 다른 이야기를 하고 있는 거죠. 그 둘을 이어주는 것이 바로 꿈 해석입니다. 일기는 의식의 언어이기 때문에 무의식으로 침투하는 데 드는 시간이 꿈 일기에서보다 길어요. 꿈은 내가 통제할 수 없는 방식으로 진짜 이야기를 들려줍니다. 귀 기울일 만하죠?

꿈 일기 예시로 제시했던 꿈에서 각각의 분석들을 한번에 읽어 내려가 보세요. 여행, 설악산, 회사 등산 모임, 집, 회식, 회피, 버스, 기회 등으로 분석이 이어졌었죠. 나는 요즘 계속 사람을 피해 도망을 갔었는데 핑계를 댈 때도, 집으로 돌아갈 때도 그리 편하지 않았나 봅니다. 버스를 놓칠까 봐 걱정을 하고 있잖아요. 분명히 여행을 하고 싶은 마음이 있어요. 버스 정류장 쪽으로 고개를 돌리고 있는 걸요. 아직 내 꿈속에는 사람이 한 명도 없지만 앞으로 달라질 수도 있을 것 같네요. 내가 여행을 하고 싶어 하거든요. 나는 꿈이 보여주는 현재의 모습이 마음에 들지 않았습니다. 바로 이것이 꿈의 해석이랍니다.

꿈이 내게 들려주는
이야기

꿈에서 현실로

　꿈을 분석했고 그 의미를 해석했다면, 현실 속으로 나아갈 차례입니다. 전체 이야기와 적어둔 연상들을 가만히 들여다보세요. 그 꿈의 의미가, '상사가 아버지를 닮았기 때문에, 나는 늘 그 앞에서 위축된다'라면 이제 여기서 한 걸음 더 나아가, 그렇다면 내가 현실에서 어떻게 해야 하는지 생각해보아야 합니다. 꿈이 여러분을 부르는 목소리가 들리지 않나요? 대화라는 건 누군가 말을 시작하고 그 말이 향하는 방향에 있는 사람이 반응할 때 성립되죠. 만약 내 이름을 거듭 부르는데도 반응을 하지 않는다면 대화가 이루어지지 않아요. 꿈 해석의 마지막 단계는 꿈과 눈을 맞추고 대화를 하는 것입니다. 왜 불렀냐고 물어보고, 꿈이 하고 싶은 말을 듣고, 나도 내가 하고 싶은 말을 할 수 있습니다. 왜 내가 불편해하는 상사의 모습을 보여주고 아버지를 연상하게 하냐고 물어보세요. 꿈으로부터 내가 그들을 만나야만 하는 이유를 듣고 내 입장을 이야기하세요. 왜 정초에 그런 꿈을 보냈느냐고 물으면 꿈은 여러분이 풀어놓은 기록들을 통해 그 답을 들려줄 겁니다.

　지독하게 내향적인 사람이라서 늘 인간관계가 힘들고 관계의 폭도 넓지 않다고 생각했는데, 그 이유가 사실은 내 기본 성향 때문이 아니었을 수도 있습니다. 상사 때문에 늘 위축되어 있었던 거죠. 내가 적은 기록을 가만히 살펴보면 사람들과 더 잘 섞이고 싶은 소원도 있고, 답답하다는 말에 상처를 받은 적도 있어요. 아버지도 언젠가 내가 답답하다며 야단을 치셨거든요. 꿈이 어떤 이야기를 하는지 분명해지죠? 아버지에 대한 내 과거 기억을 극복하면 상사 앞에서 더 이상 위축되지 않습니다. 이 과제를 조금씩 수행해서 언젠가 "과장님, 넥타이 예쁘신데요" 하고 농담도 던질 수 있게 되어야죠. 그렇게 꿈과 현실이 만나게 됩니다.

꿈의 조언

꿈은 언제나 나를 위해 조언을 해줍니다. 이가 썩으면 통증이 느껴지죠? 상한 음식을 먹으면 토해요. 우리 몸은 우리가 무력한 상태라고 느낄 때조차 언제나 한결같이 매우 적극적으로 문제에 반응합니다. 우리의 꿈도 마찬가지예요. 문제가 생기면 자극이 되고, 그 자극에 의해 꿈은 이야기를 만들어냅니다. 무엇이 불편하다, 무엇이 잘못됐다, 무엇을 조심해야 한다 등 당면 문제에 대해 이야기합니다. 그런데 이와 함께 꿈은 그 문제에 대해 우리가 어떻게 대처하고 싶은지, 어떻게 대처하면 좋은지에 대해서도 이야기해요. 내 삶 속의 경험들을 자료로 내 안의 인공지능이 작동한다고 생각하면 되겠네요. 삶의 모든 경험이 자료이므로 재료는 빅데이터라 할 수 있습니다.

꿈은 나의 최고의 친구

꿈은 나의 제일 좋은 친구입니다. 꿈은 나를 이해해요. 내가 나 자신을 이해하지 못하고 있을 때조차 꿈은 내 마음을 알고 있습니다. 전혀 다른 맥락의 꿈인데 자세히 읽어보았더니, 그 안에서 소리치는 목소리가 들리네요. 문장들 중 '내 편은 아무도 없어', '그건 중요하지 않아'와 같은 특정 구문에서 눈이 멈추죠. 마음이 공명되는 순간이 있답니다. 내가 느끼고 있었던 바로 그 느낌이 표현되는 순간은 정말 치유적입니다. 부조처럼 튀어나와 보이는 부분을 찾아보면 그곳에서 꿈의 목소리가 제일 크게 들릴 겁니다. 꿈은 내가 안다고, 이해한다고, 공감한다고 이야기합니다. 그렇게 느낄 만한지, 그게 그렇게 큰 문제인지를 객관적으로 가늠하는 것이 아니라, 그렇게 느끼는 것이 당연하다고 고개를 끄덕여줍니다. 그리고 왜 그렇게 느꼈는지에 대해서도 알려주죠.

고정된 역할에서 벗어나기

규칙적인 일상은 건강 지킴이 역할을 합니다. 그러나 우리 삶 속에서 만들어진 습관은 마음의 자유를 구속하게 될 수도 있답니다. 우리는 인생에서 특정 역할을 맡게 되어 있어요. 언니로서, 형으로서, 자식으로서, 부모로서 늘 어떤 방식으로 살아가게 되죠. 인간관계 속에서 맡게 되는 특정 역할들도 있어요. 그렇게 자랐기 때문에, 그런 상황이었기 때문에 늘 그렇게 해왔죠. 그리고 한 번도 그것에 대해 질문하지 않았어요. 성숙한 성인이란 습관과 반복의 굴레를 벗어날 수 있는 사람을 말합니다. 늘 그랬기 때문에, 내가 태어나기 전 이미 마련된 내 자리이기 때문에 그 역할에 순응한다면, 우리에게는 어떤 변화도 가능하지 않아요. 우리 자신조차 이의를 제기하지 않을 때에도 우리의 꿈은 우리의 어리석은 반복에 대해 이의를 제기합니다. 꿈은 우리가 얼마나 힘들게 살았는지 알고 있어요. 그래서 우리에게 다가와 속삭여주는 거죠. '너 지금 이렇게 살고 있어. 그렇게 살지 않아도 돼. 힘들잖아. 너 지금 많이 힘든 거야. 왜 모르는 척해. 방법이 있단다.' 내 친구의 목소리입니다. 그렇게 꿈은 현재의 문제와 변화의 가능성, 그리고 문제에 대한 대안을 가르쳐줍니다.

새로운 미래 그리기

꿈이 조언을 하는 방식은 폭압적이지 않습니다. 꿈은 일단 답답이들을 보여줘요. 꿈속 인물들을 관찰한 후 답답함을 느낀 적이 있죠? 꿈은 이렇게 우리가 우리 내면의 인물들을 만나도록 주선한답니다. 나머지는 모두 우리가 해야 돼요. 번역하고 해석하고 이해하고 조언에 따라 행동하는 것은 모두 우리의 몫입니다. 일단 이 답답이들과 대화해야 합니다. 보기만 하고 아무 일도 하지 않는다면 어떤 것도 변하지 않아요. 대화를 시작해야 합니다. 뭔가를 너무나 어렵고 복잡하게 하고 있는 인물이라면, 다가서서 "그럴 필요 없어, 안 그래도 돼"라고 말해주세요. 물론 그 인물은 바로 여러분 자신입니다. 나 자신에게 그 말을 해주면 된답니다. 꿈이 인물을 통해 내게 전하는 이야기를 들었다면, 이제는 그 인물과 함께 새로운 미래를 준비할 차례입니다. 조화와 균형을 회복할 새로운 미래에는 서로 다른 것들이 아름답게 어울린답니다. 융은 그것을 대극의 합일이라고 불러요.

내향형 + 외향형

꿈은 내가 늘 살아온 그 방식을 보여줘요. 과거의 이야기를 아주 객관적으로 들려주죠. 나는 참을 만하다고 생각하는데 꿈은 동의하지 않아요. 제3자의 눈으로 조명해주죠. 꿈은 현재의 상황 중에서 내가 걱정하는 부분을 확대해줘요. 난데없이 심계항진이 왔을 줄 알았는데 이유가 있었죠. 꿈은 지금처럼 달리면 어떤 미래가 기다리고 있는지 미리 보여줘요. 차선을 바꾸고 다른 길로 들어설 수 있게 해주는 거죠. 굉장하죠? 내향적인 사람이 꿈과 대화하지 않고 내면을 성찰하지 않으면 외향적인 사람을 실력도 없는 주제에 인간관계에 승부를 거는 속물이라고 욕하고, 자신의 한계에 갇혀 살아가게 될 수도 있습니다. 외향적인 사람이 늘 자기가 편한 대로만 살면서 내향적인 사람들을 속이 좁고 답답한 사람이라고 욕한다면, 그는 내향적인 특성을 배우지 못할 거예요. 그게 나쁜 것이라고 생각하잖아요. 마음의 균형이 깨져 있다면 꿈은 반드시 이 불균형에 대해 이야기합니다. 꿈과 대화하지 않으면 현재의 모습에 의해 준비된 미래를 맞이하게 됩니다.

} 감정형＋사고형 {

어떤 이야기를 듣고 내 앞의 사람은 두 눈에 눈물이 그렁그렁한데 나는 감정적인 동요가 적을 수 있습니다. 사고에 강하냐 감정에 강하냐에 따라 우리의 느낌과 반응은 달라지죠. 이 사실 자체가 심각한 문제는 아닙니다. 그건 당연한 거예요. 우린 다른 것보다 잘 하는 것, 다른 것보다 쉽게 하는 게 있어요. 잘 안 되는 것, 아무리 노력해도 몸이 배우지 못하는 게 있고요. 진짜 문제는 잘 못하는 걸 잘라버리고 잘하는 것만 가지고 살아갈 때 일어납니다. 더 나아가 심지어 내가 잘 못하는 것에 대해 가치판단을 하기도 하죠. 감정형이 사고형을 피도 눈물도 없는 인간이라고 부른다면 지금 가치판단이 개입되어 있는 상황이잖아요. 꿈은 내가 부족한 부분과 그래서 일어나는 문제를 보여줍니다. 물론 그것은 내가 어떻게 움직여나가야 하는지, 즉 무엇을 배워가야 하는지에 대해서도 알려주고. 잘 안 되는 것이기 때문에 노력에 비해 성과가 적어요. 그러나 속도가 느리더라도 그것에 대해 가치판단을 하거나 나쁜 것이라고 정의한 후 내 삶에서 잘라버리는 상황보다는 훨씬 낫겠죠.

감각형 + 직관형

저는 외부 사물들을 잘 식별하지 못해요. 고등학교를 다닐 때 총각
선생님이 들어오는데 아이들이 소리를 지르면 늘 짝에게 그 이유를
물어봐야 했어요. 머리를 짧게 자르셨거나 처음으로 색깔 있는 넥타
이를 매셨다는 것이었는데, 다시 봐도 잘 모르겠더라고요. 저는 감각
형이 아닌 거죠. 직관형의 사례로는 샤먼을 생각하면 되겠네요. 꿰뚫
어보고 통찰하는 능력이 있잖아요. 사실, 가장 큰 문제는 내가 잘 하
는 것, 내가 수월하게 할 수 있는 것, 내 성격, 내 특성을 모를 때입니
다. 10을 넣으면 100이 나오는 게 지금 언급하고 있는 각각의 유형들
인데, 내가 뭘 할 때 빠른지조차 모르는 경우가 있습니다. 물론 꿈은
이 질문에서부터 대화를 시작할 것입니다. 내가 잘하는 것을 찾았다
면, 꿈은 내가 잘 못하는 걸 분화시켜야 한다고 조언할 겁니다. 그렇
게 꿈은 조화롭고 균형 잡힌 미래로 우리를 이끌어줍니다.

앞으로의 계획

{ 행동하기 }

제가 거듭 강조하지만, 꿈 해석 후 반드시 이어져야 하는 것은 행동입니다. 현재 내 몸과 마음이 가장 편안한 상태가 아니라면 우리는 건강한 미래로 나아갈 수 없어요. 그렇게 준비된 미래에서는 내 몸과 마음이 건강할 수 없겠죠. 지금 현재 내가 잘하는 것, 내가 좋아하는 것에 대해 오리무중이라면 내가 가진 가장 멋진 것들을 발휘하는 미래는 결코 도래하지 않습니다. 꿈은 우리에게 이 문제들을 알려주죠. 문제를 인식하고, 꿈의 조언을 이해했다면, 그다음 단계는 그 조언에 따라 행동하는 것입니다. 현재를 바꾸는 거죠. 그것은 물론 다른 미래를 가능하게 만듭니다.

{ 꿈이 내게 준 과제 }

꿈 일기를 적다보면 명백해지는 것들이 있습니다. 처음에는 막연히 내 삶의 문제들을 적어보았지만, 꿈 해석이 진행된 후에는 그러한 문제들과 내게 주어진 과제들이 명확해지죠. 꿈이 매우 다양한 형태로 같은 이야기를 하고 있다는 사실을 깨닫게 된답니다. 중심 인물들이 늘 분투하고 있는 과제가 보이는 거죠. 쉽게 극복하지 못하는 콤플렉스가 꾸준히 나타나기도 합니다. 인정받고자 하는 마음이 강한 사람은 온전한 자기 자신으로서 최선을 다하는 것이 어렵습니다. 늘 남을 의식하니까요. 꿈속 줄다리기는 결국 나와 내 콤플렉스 사이에서 진행되는 대화를 뜻합니다. 없는 것으로 치부하고 삭제하기보다 그것을 들여다보고 그것에 말을 걸어줄 필요가 있습니다. 꿈 해석 작업은 반드시 그러한 대화의 과정으로 이어져야 합니다. 꿈은 내가 행복해지기 위해, 내가 사랑하는 사람들이 행복해지기 위해 무엇을 어떻게 해야 하는지, 내 근본적인 문제가 무엇인지 알려줍니다. 늘 어머니에 대한 이야기가 나올 수도 있고, 항상 아버지와의 관계가 표현될 수도 있어요. 카프카를 생각해보세요. 카프카의 꿈은 그의 아버지에 대한 이야기로 가득합니다. 높은 벽을 오르는데 아버지가 카프카보다 훨씬 빨리, 가볍게 움직이면서 그를 도와주지 않고 내버려둔다거나, 관객들이 무대를 등지고 앉아 있는 등 아버지에 대해 그가 느끼는 것들을 묘사한 부분이 많습니다. 그 과제들을 풀어야만 내 삶의 온전한 방향성이 드러날 수 있습니다. 그때 비로소 나 자신의 건강한 미래를 설계할 수 있게 됩니다.

세상 속으로

건강한 미래란 내가 행복할 수 있는 방향성 속에서 더 많은 사람들의 손을 잡을 때 가능해집니다. 내가 잘하는 일이 있고, 그 일을 오랜 시간 할 수 있다면 많은 시행착오 속에서 그것에 대해 너무나 잘 알게 되죠. 그리고 언젠가부터 사람들이 내게 와 그것에 대해 묻습니다. 시간이 흐르며 더 많은 사람들을 만나고 더 많은 사람들의 손을 잡게 될 겁니다. 언제 내 몸과 마음이 가장 편안한지 모른다면 내가 뭘 좋아하는지 모른다면, 그런 전문가가 될 수 없겠죠. 내 몸과 마음이 너무나 괴로운데도 방치하고 있는 상황이라면 세상 속으로 나아가는 것이 어려울 겁니다. 나와의 대화 속에서 내 몸과 마음을 보살필 수 있을 때, 나를 억압하고 괴롭게 만드는 것으로부터 나 자신을 보호할 수 있을 때, 그리고 나 자신을 행복하게 해줄 수 있을 때, 그때 비로소 내가 가진 가장 좋은 것이 세상 속에 펼쳐질 수 있습니다.

내 안의 멘토들

이 일들을 혼자 해나가는 게 어렵게 느껴질 수 있습니다. 그때 기억해야 할 것은 내가 결코 혼자가 아니라는 겁니다. 꿈 일기는 내 마음속 멘토들을 만나는 여정입니다. 세상에는 이미 다른 사람의 멘토가 되어 줄 수 있는 성숙한 사람들이 있어요. 그들이 우리에게 손을 내밀어주었죠. 스승, 부모, 친구처럼 우리가 만난 사람들일 수도 있고 책이나 영화 속 인물들일 수도 있습니다. 소설의 주인공들도 우리에게 '다르게 행동하기'나 '다르게 보기'를 가르쳐준다면 간접적인 경험을 제시한다는 점에서 우리의 멘토 역할을 할 수 있어요. 나를 온전한 나 자신이 되게 하는 사람, 내가 가진 가장 좋은 것이 세상에 드러나게 돕는 사람, 그 사람들의 손을 잡아야 합니다. 기다리기만

해서는 안 돼요. 찾으세요. 세상에 그 사람들이 있습니다. 메일을 쓰고, 전화를 하고, 편지를 보내세요. 중고등학생들이 제게 편지를 보내기도 합니다. 많이 부족한 사람이지만 아이들이 제 손을 잡으면 제가 할 수 있는 이야기를 그들에게 들려줍니다. 저도 더 많은 사람들의 손을 잡기 위해 노력하고 있답니다.

꿈은 내가 가진 가장 멋진 것들을 세상 속에서 발휘할 수 있도록 우리를 이끌어줍니다. 이 여정의 어느 지점에선가 우리 모두는 누군가의 멘토가 될 수 있습니다. 그때 우리는 누군가가 쓰는 100일의 꿈 일기 속 멘토의 모습으로 그들의 꿈을 방문할 것입니다.

Part 3

꿈 일기,
나에 관한 백 가지 이야기

01

☆☆☆☆☆

| 날짜 | . | . | 시 | AM
PM | 기분 날씨 | ☀ ○○○○○ ☁ |

꿈 내용/꿈 그림

인상적인 장면

| 등장 인물 | 중심 오브제 |

| 꿈의 키워드 | 질문 |

꿈은 그리운 이들이
나를 방문하는 공간이다.

꿈의 배경

꿈 해석하기

꿈의 메세지

실천 계획

02

☆☆☆☆☆

| 날짜 | . | . | 시 | AM PM | 기분 날씨 | ☀ ○○○○○ ☁ |

꿈 내용/꿈 그림

인상적인 장면

등장 인물

중심 오브제

꿈의 키워드

질문

꿈속에 등장한 아름다운 장소는
내 마음의 풍경이다.

꿈의 배경

꿈 해석하기

꿈의 메세지

실천 계획

03

☆☆☆☆☆

| 날짜 | . | . | 시 | AM
PM | 기분 날씨 | ☀ ○○○○○ ☁ |

꿈 내용 / 꿈 그림

인상적인 장면

등장 인물 | 중심 오브제

꿈의 키워드 | 질문

꿈은 내 안의 신성이 거하는 성전이다.
쇠락해가는 나라가 배경이라면,
내 신성이 위협받고 있는 상태라고 할 수 있다.

꿈의 배경

꿈 해석하기

꿈의 메세지

실천 계획

04

☆☆☆☆☆

| 날짜 | . | . | 시 | AM
PM | 기분 날씨 | ☀ ○○○○○ ☁ |

꿈 내용 / 꿈 그림

인상적인 장면

등장 인물　　　　　　　　　　**중심 오브제**

꿈의 키워드　　　　　　　　　　**질문**

꿈속 폐허는 무너진 내 마음을 뜻한다.
사람이 돌보지 않은 곳,
그곳은 바로 내가 돌보지 않은 내 마음이다.

꿈의 배경

꿈 해석하기

꿈의 메세지

실천 계획

05

☆☆☆☆☆

날짜	.	.	시	AM	기분 날씨	☀ ○○○○○ ☁
				PM		

꿈 내용 / 꿈 그림

인상적인 장면

등장 인물

중심 오브제

꿈의 키워드

질문

꿈과의 소통은 괴물을 왕자로,
황야를 숲으로, 폐허를 고향집으로,
공터를 놀이터로 변하게 한다.

꿈의 배경

꿈 해석하기

꿈의 메세지

실천 계획

147

06

☆☆☆☆☆

날짜	.	.	시	AM PM	기분 날씨	☀ ○○○○○ 🌧

꿈 내용 / 꿈 그림

인상적인 장면

등장 인물　　　　　　　　　　　　**중심 오브제**

꿈의 키워드　　　　　　　　　　　**질문**

꿈에서 한 사람이 다른 사람을 죽이는 장면을 내가 그저 바라만 보고 있다면,
나는 지금 내 마음의 일부가 파괴되는 대형 사고를 방치하고 있는 셈이다.

꿈의 배경

꿈 해석하기

꿈의 메세지

실천 계획

07

☆☆☆☆☆

날짜	.	.	시	AM PM	기분 날씨	☀ ○○○○○ ☁

꿈 내용 / 꿈 그림

인상적인 장면

등장 인물

중심 오브제

꿈의 키워드

질문

꿈에 내가 누군가를 비난했다면,
그것은 나 자신에 대한 비난이다.

꿈의 배경

꿈 해석하기

꿈의 메세지

실천 계획

08

☆☆☆☆☆

날짜	.	.	시	AM PM	기분 날씨	☀ ○○○○○ ☁

꿈 내용/꿈 그림

인상적인 장면

등장 인물

중심 오브제

꿈의 키워드

질문

꿈속 인물이 다른 인물에게 "다 포기해"라고 말했다면,
그건 내가 나 자신에게 던진 폭언이다.

꿈의 배경

꿈 해석하기

꿈의 메세지

실천 계획

09

☆☆☆☆☆

날짜	.	.	시	AM PM	기분 날씨	☀ ○○○○○ ☁

꿈 내용 / 꿈 그림

인상적인 장면

등장 인물   중심 오브제

꿈의 키워드   질문

꿈은 내가 삶 속에서 쓰는 속임수를 드러낸다.
꿈 앞에서는 나 자신에게 해온 거짓말을 더 이상 할 수 없다.

꿈의 배경

꿈 해석하기

꿈의 메세지

실천 계획

날짜	.	.	시	AM PM	기분 날씨	☀ ○○○○○ ☁

꿈 내용 / 꿈 그림

인상적인 장면

등장 인물	중심 오브제

꿈의 키워드	질문

쑥스러운 일, 부끄러운 일, 겸연쩍은 일,
사정이 있어 미루어온 일들은 내 꿈의 단골들이다.

꿈의 배경

꿈 해석하기

꿈의 메세지

실천 계획

II

☆☆☆☆☆

| 날짜 | . | . | 시 | AM
PM | 기분 날씨 | ☀ ○○○○○ ☁ |

꿈 내용 / 꿈 그림

인상적인 장면

등장 인물   중심 오브제

꿈의 키워드   질문

꿈은 우리를 자극하고 재촉하고 각성시킨다.
그러나 동시에 우리를 염려하고 배려하고 보듬는다.

꿈의 배경

꿈 해석하기

꿈의 메세지

실천 계획

12

☆☆☆☆☆

날짜	.	.	시	AM PM	기분 날씨	☀ ○○○○○ ☁

꿈 내용/꿈 그림

인상적인 장면

등장 인물   **중심 오브제**

꿈의 키워드   **질문**

현실은 너만 참으면 된다고 말하지만,
꿈은 너만 생각하라고 말한다.

꿈의 배경

꿈 해석하기

꿈의 메세지

실천 계획

13

☆☆☆☆☆

| 날짜 | . | . | 시 | AM PM | 기분 날씨 | ☀ ○○○○○ 🌧 |

꿈 내용 / 꿈 그림

인상적인 장면

| 등장 인물 | 중심 오브제 |

| 꿈의 키워드 | 질문 |

꿈은 내가 동일시한 인물들의 총체이다.
꿈 해석은 나쁜 동일시를 극복하는 과정이다.

꿈의 배경

꿈 해석하기

꿈의 메세지

실천 계획

14

☆☆☆☆☆

날짜	.	.	시	AM PM	기분 날씨	☼ ○○○○○ ☁

꿈 내용 / 꿈 그림

인상적인 장면

등장 인물

중심 오브제

꿈의 키워드

질문

꿈속 인물들과 친구가 되라. 그에게 말을 걸고,
그의 말을 듣고, 그에게 편지를 써라.

꿈의 배경

꿈 해석하기

꿈의 메세지

실천 계획

15

☆☆☆☆☆

날짜	.	.	시	AM PM	기분 날씨	☀ ○○○○○ ☁

꿈 내용 / 꿈 그림

인상적인 장면

등장 인물   중심 오브제

꿈의 키워드   질문

내 꿈에는 나 자신보다
나를 더 잘 아는 멘토가 살고 있다.

꿈의 배경

꿈 해석하기

꿈의 메세지

실천 계획

16

☆☆☆☆☆

날짜	.	.	시	AM PM	기분 날씨	☼ ○○○○○ ☂

꿈 내용 / 꿈 그림

인상적인 장면

등장 인물	중심 오브제

꿈의 키워드	질문

꿈은 나를 나 자신보다 더 잘 아는 내 '절친'이다.

꿈의 배경

꿈 해석하기

꿈의 메세지

실천 계획

17

☆☆☆☆☆

날짜	.	.	시	AM PM	기분 날씨	☀ ○○○○○ ☁

꿈 내용 / 꿈 그림

인상적인 장면

등장 인물   중심 오브제

꿈의 키워드   질문

자신이 혼자라고 느껴질 때 꿈의 무수한 인물들을 기억하라.
당신은 결코 혼자가 아니었으며, 혼자가 아니며,
절대로 혼자가 아닐 것이다.

꿈의 배경

꿈 해석하기

꿈의 메세지

실천 계획

18

☆☆☆☆☆

날짜	.	.	시	AM PM	기분 날씨	☼ ○○○○○ ☁

꿈 내용 / 꿈 그림

인상적인 장면

등장 인물	중심 오브제

꿈의 키워드	질문

꿈은 언제나 내가 진정으로 원하는 것을 알고 있다.

꿈의 배경

꿈 해석하기

꿈의 메세지

실천 계획

19

☆☆☆☆☆

| 날짜 | . | . | 시 | AM PM | 기분 날씨 | ☀ ○○○○○ 🌧 |

꿈 내용 / 꿈 그림

인상적인 장면

등장 인물

중심 오브제

꿈의 키워드

질문

꿈은 내 눈이 놓친 것을 바라보고
내 귀가 흘려버린 것에 귀 기울인다.

꿈의 배경

꿈 해석하기

꿈의 메세지

실천 계획

20

☆☆☆☆☆

| 날짜 | . | . | 시 | AM
PM | 기분 날씨 | ☼ ○○○○○ ☁ |

꿈 내용 / 꿈 그림

인상적인 장면

등장 인물

중심 오브제

꿈의 키워드

질문

꿈은 내 모든 말들을 경청하고
내 모든 경험을 이해한다.

꿈의 배경

꿈 해석하기

꿈의 메세지

실천 계획

2I

☆☆☆☆☆

날짜	.	.	시	AM PM	기분 날씨	☀ ○○○○○ ☁

꿈 내용 / 꿈 그림

인상적인 장면

등장 인물   중심 오브제

꿈의 키워드   질문

나는 보고 싶은 것만 보고 듣고 싶은 것만 듣고
기억하고 싶은 것만 마음에 남기지만,
내 꿈은 모든 것을 보고 모든 것을 듣고 모든 것을 기억한다.

꿈의 배경

꿈 해석하기

꿈의 메세지

실천 계획

22

☆☆☆☆☆

날짜	.	.	시	AM PM	기분 날씨	☀ ○○○○○ ☁

꿈 내용 / 꿈 그림

인상적인 장면

등장 인물   중심 오브제

꿈의 키워드   질문

내가 타인과 얼마나 잘 소통하고 있는가에 따라
꿈속 등장인물의 성격이 결정된다.

꿈의 배경

꿈 해석하기

꿈의 메세지

실천 계획

23
☆☆☆☆☆

날짜 　　　.　　　. 　시 AM PM 　기분 날씨 ☀ ○○○○○ ☁

꿈 내용 / 꿈 그림

인상적인 장면

등장 인물

중심 오브제

꿈의 키워드

질문

꿈속에서 나는 전쟁 중이다.
내 의지와 선택에 의해 승부가 결정된다.

꿈의 배경

꿈 해석하기

꿈의 메세지

실천 계획

24

☆☆☆☆☆

| 날짜 | . | . | 시 | AM PM | 기분 날씨 | ☼ ○○○○○ ☁ |

꿈 내용 / 꿈 그림

인상적인 장면

등장 인물

중심 오브제

꿈의 키워드

질문

꿈은 내 주위 사람들에 대해 내가 작성한
인성 평가 설문의 결과를 보여준다.

꿈의 배경

꿈 해석하기

꿈의 메세지

실천 계획

25

☆☆☆☆☆

날짜	.	.	시	AM PM	기분 날씨	☀ ○○○○○ ☁

꿈 내용/꿈 그림

인상적인 장면

등장 인물

중심 오브제

꿈의 키워드

질문

꿈은 내 일일 정신 검진 결과이다.
반복은 2차 검진을 요청하는 꿈의 전갈이다.

꿈의 배경

꿈 해석하기

꿈의 메세지

실천 계획

26

☆☆☆☆☆

날짜	.	.	시	AM PM	기분 날씨	☀ ○○○○○ ☁

꿈 내용 / 꿈 그림

인상적인 장면

등장 인물   중심 오브제

꿈의 키워드   질문

꿈은 현실의 균형과 조화를 측정하는 평형추다.

꿈의 배경

꿈 해석하기

꿈의 메세지

실천 계획

27

☆☆☆☆☆

날짜	.	.	시	AM PM	기분 날씨

☀ ○○○○○ ☁

꿈 내용 / 꿈 그림

인상적인 장면

등장 인물   중심 오브제

꿈의 키워드   질문

건강한 사람의 꿈속에서는
소중한 것들이 지켜지는 세상이 펼쳐진다.

꿈의 배경

꿈 해석하기

꿈의 메세지

실천 계획

28

☆☆☆☆☆

날짜	.	.	시	AM PM	기분 날씨	☀ ○○○○○ ☁

꿈 내용 / 꿈 그림

인상적인 장면

등장 인물

중심 오브제

꿈의 키워드

질문

꿈은 신경과 뉴런과 영혼에 연결된 센서다.
꿈이 우리 몸과 마음을 이해할 수 있는 이유이다.

꿈의 배경

꿈 해석하기

꿈의 메세지

실천 계획

29
☆☆☆☆☆

날짜	.	.	시	AM PM	기분 날씨	☀ ○○○○○ ☁

꿈 내용 / 꿈 그림

인상적인 장면

등장 인물   중심 오브제

꿈의 키워드   질문

꿈은 신호등이다.
내가 가야 할지, 서야 할지 알려주는 지표다.

꿈의 배경

꿈 해석하기

꿈의 메세지

실천 계획

30

☆☆☆☆☆

| 날짜 | . | . | 시 | AM
PM | 기분 날씨 | ☼ ○○○○○ ☁ |

꿈 내용 / 꿈 그림

인상적인 장면

등장 인물

중심 오브제

꿈의 키워드

질문

꿈은 현실의 거울이다.
부모가 서로를 대하는 방식, 내가 남을 대하는 태도,
내가 나 자신을 대하는 모습을 그대로 보여준다.

꿈의 배경

꿈 해석하기

꿈의 메세지

실천 계획

31

☆☆☆☆☆

날짜	.	.	시	AM PM	기분 날씨	☼ ○○○○○ ☁

꿈 내용 / 꿈 그림

인상적인 장면

등장 인물

중심 오브제

꿈의 키워드

질문

꿈은 내가 늘 하는 일,
내가 늘 당하는 일을 내게 되돌려줌으로써
습관을 낯설게 만든다.

꿈의 배경

꿈 해석하기

꿈의 메세지

실천 계획

32

☆☆☆☆☆

날짜	.	.	시	AM PM	기분 날씨	☀ ○○○○○ ☁

꿈 내용 / 꿈 그림

인상적인 장면

등장 인물   중심 오브제

꿈의 키워드   질문

꿈은 가장 평범해 보이는 이야기를 최대한 극적으로 보여준다.
가끔씩 꿈이 막장 드라마처럼 느껴지는 이유다.

꿈의 배경

꿈 해석하기

꿈의 메세지

실천 계획

33

☆☆☆☆☆

날짜	.	.	시	AM PM	기분 날씨	☀ ○○○○○ ☁

꿈 내용 / 꿈 그림

인상적인 장면

등장 인물   중심 오브제

꿈의 키워드   질문

꿈은 내 마음의 거울이다.
그 앞에서 우리는 어떤 것도 숨길 수 없다.

꿈의 배경

꿈 해석하기

꿈의 메세지

실천 계획

34

☆☆☆☆☆

날짜	.	.	시	AM PM	기분 날씨	☀ ○○○○○ ☁

꿈 내용 / 꿈 그림

인상적인 장면

등장 인물   중심 오브제

꿈의 키워드   질문

꿈은 가식과 진실을 구별한다.
가끔씩 꿈 해석이 우리를 부끄럽게 만드는 이유다.

꿈의 배경

꿈 해석하기

꿈의 메세지

실천 계획

35

☆☆☆☆☆

날짜	.	.	시	AM PM	기분 날씨	☀ ○○○○○ ☁

꿈 내용 / 꿈 그림

인상적인 장면

등장 인물

중심 오브제

꿈의 키워드

질문

나는 사람들의 시선을 의식하며 살지만,
꿈은 누구의 눈치도 보지 않는다.

꿈의 배경

꿈 해석하기

꿈의 메세지

실천 계획

36

☆☆☆☆☆

| 날짜 | . | . | 시 | AM
PM | 기분 날씨 | ☀ ○○○○○ ☁ |

꿈 내용 / 꿈 그림

인상적인 장면

등장 인물   중심 오브제

꿈의 키워드   질문

나는 겁이 많지만 내 꿈은 그 무엇도 두려워하지 않는다.

꿈의 배경

꿈 해석하기

꿈의 메세지

실천 계획

37

☆☆☆☆☆

날짜	·	·	시	AM PM	기분 날씨	☼ ○○○○○ ☁

꿈 내용 / 꿈 그림

인상적인 장면

등장 인물   중심 오브제

꿈의 키워드   질문

나는 참지만 내 꿈은 참지 않는다.

꿈의 배경

꿈 해석하기

꿈의 메세지

실천 계획

38

☆☆☆☆☆

날짜	.	.	시	AM PM	기분 날씨	☀ ○○○○○ ☁

꿈 내용 / 꿈 그림

인상적인 장면

등장 인물	중심 오브제

꿈의 키워드	질문

나는 빈틈이 많은 사람이지만 내 꿈은 빈틈없이 치밀하다.

꿈의 배경

꿈 해석하기

꿈의 메세지

실천 계획

39

☆☆☆☆☆

| 날짜 | . | . | 시 | AM PM | 기분 날씨 | ☀ ○○○○○ 🌧 |

꿈 내용 / 꿈 그림

인상적인 장면

등장 인물   중심 오브제

꿈의 키워드   질문

나는 재미가 없는 사람이지만
내 꿈은 유머와 위트로 가득하다.

꿈의 배경

꿈 해석하기

꿈의 메세지

실천 계획

40

☆☆☆☆☆

| 날짜 | . | . | 시 | AM PM | 기분 날씨 | ☀ ○○○○○ ☁ |

꿈 내용 / 꿈 그림

인상적인 장면

등장 인물   중심 오브제

꿈의 키워드   질문

프로이트는 개별 사례의 차이를 무시하는 꿈 해몽을 신뢰하지 않았다.

꿈의 배경

꿈 해석하기

꿈의 메세지

실천 계획

41

☆☆☆☆☆

| 날짜 | . | . | 시 | AM PM | 기분 날씨 | ☀ ○○○○○ ☁ |

꿈 내용 / 꿈 그림

인상적인 장면

등장 인물   중심 오브제

꿈의 키워드   질문

꿈 일기의 키워드는 변화와 성숙이다.
꿈의 길은 언제나 변화와 성숙으로 이어진다.

꿈의 배경

꿈 해석하기

꿈의 메세지

실천 계획

42

☆☆☆☆☆

| 날짜 | . | . | 시 | AM PM | 기분 날씨 | ☀ ○○○○○ ☁ |

꿈 내용 / 꿈 그림

인상적인 장면

등장 인물   중심 오브제

꿈의 키워드   질문

꿈은 문제가 해결될 때까지 포기하지 않는다.
꿈이 반복되는 이유다.

꿈의 배경

꿈 해석하기

꿈의 메세지

실천 계획

43

☆☆☆☆☆

날짜	.	.	시	AM PM	기분 날씨	☀ ○○○○○ ☁

꿈 내용/꿈 그림

인상적인 장면

등장 인물

중심 오브제

꿈의 키워드

질문

꿈은 우리를 속이지 않으며
현실과 타협하지 않으며 희망을 포기하지 않는다.

꿈의 배경

꿈 해석하기

꿈의 메세지

실천 계획

44

☆☆☆☆☆

| 날짜 | . | . | 시 | AM PM | 기분 날씨 | ☀ ○○○○○ ☁ |

꿈 내용 / 꿈 그림

인상적인 장면

| 등장 인물 | 중심 오브제 |

| 꿈의 키워드 | 질문 |

꿈은 혁명이다.
꿈은 내가 타협하고 살던 것들에 저항한다.

꿈의 배경

꿈 해석하기

꿈의 메세지

실천 계획

45

☆☆☆☆☆

날짜	.	.	시	AM PM	기분 날씨	☼ ○○○○○ ☁

꿈 내용 / 꿈 그림

인상적인 장면

등장 인물

중심 오브제

꿈의 키워드

질문

꿈의 목적은 내 인생에 개입하는 것이다.
그래서 내 삶을 변화시키는 것이다.
꿈의 궁극적 목표는 니의 행복한 삶이다.

꿈의 배경

꿈 해석하기

꿈의 메세지

실천 계획

46

☆☆☆☆☆

날짜	.	.	시	AM / PM	기분 날씨	☀ ○○○○○ ☁

꿈 내용 / 꿈 그림

인상적인 장면

등장 인물   중심 오브제

꿈의 키워드   질문

꿈속 조각들을 모아 만들 수 있는
가장 멋진 작품이 바로 나만의 '스타일'이다.

꿈의 배경

꿈 해석하기

꿈의 메세지

실천 계획

47

☆☆☆☆☆

날짜	.	.	시	AM PM	기분 날씨	☀ ○○○○○ ☁

꿈 내용 / 꿈 그림

인상적인 장면

등장 인물

중심 오브제

꿈의 키워드

질문

꿈 해석은 백지에 그림을 그리는 과정과 유사하다.
처음에는 막막하지만 형체가 그려지면 백지에 나 자신이 나타난다.

꿈의 배경

꿈 해석하기

꿈의 메세지

실천 계획

48

☆☆☆☆☆

날짜	.	.	시	AM PM	기분 날씨	☀ ○○○○○ ☁

꿈 내용 / 꿈 그림

인상적인 장면

등장 인물

중심 오브제

꿈의 키워드

질문

꿈은 우리에게 나 자신만의 이야기 꾸러미를 선물한다.

꿈의 배경

꿈 해석하기

꿈의 메세지

실천 계획

49
☆☆☆☆☆

| 날짜 | . | . | 시 | AM PM | 기분 날씨 | ☀ ○○○○○ ☁ |

꿈 내용 / 꿈 그림

인상적인 장면

등장 인물

중심 오브제

꿈의 키워드

질문

내가 지난여름에 한 일을 내 꿈은 알고 있다.

꿈의 배경

꿈 해석하기

꿈의 메세지

실천 계획

50

☆☆☆☆☆

날짜	.	.	시	AM	기분 날씨	☀ ○○○○○ ☁
				PM		

꿈 내용 / 꿈 그림

인상적인 장면

등장 인물   중심 오브제

꿈의 키워드   질문

꿈은 나만의 정답이 숨겨진 보물 창고다.
나만이 그 보물을 찾을 수 있다.

꿈의 배경

꿈 해석하기

꿈의 메세지

실천 계획

51
☆☆☆☆☆

| 날짜 | . | . | 시 | AM PM | 기분 날씨 | ☼ ○○○○○ ☁ |

꿈 내용 / 꿈 그림

인상적인 장면

등장 인물   중심 오브제

꿈의 키워드   질문

우리는 꿈속에서 우리가 평생 찾아 헤매던 보물을 발견한다.
그것은 늘 내 안에 있었다.

꿈의 배경

꿈 해석하기

꿈의 메세지

실천 계획

52

☆☆☆☆☆

날짜	.	.	시	AM PM	기분 날씨	☀ ○○○○○ ☁

꿈 내용 / 꿈 그림

인상적인 장면

등장 인물   중심 오브제

꿈의 키워드   질문

꿈은 우리와 대화하며 우리를 바꿀 수 있고,
우리는 꿈과 대화하며 꿈을 바꿀 수 있다.

꿈의 배경

꿈 해석하기

꿈의 메세지

실천 계획

53

☆☆☆☆☆

날짜	.	.	시	AM PM	기분 날씨	☀ ○○○○○ ☁

꿈 내용 / 꿈 그림

인상적인 장면

등장 인물

중심 오브제

꿈의 키워드

질문

부정적인 해석 하나에 고착되면 꿈의 림보에 고립된다.
나를 그곳에서 구출하는 것은 새로운 경험, 새로운 꿈, 그리고 새로운 해석이다.

꿈의 배경

꿈 해석하기

꿈의 메세지

실천 계획

54

☆☆☆☆☆

| 날짜 | . | . | 시 | AM
PM | 기분 날씨 | ☀ ○○○○○ 🌧 |

꿈 내용/꿈 그림

인상적인 장면

등장 인물

중심 오브제

꿈의 키워드

질문

의지는 꿈을 바꾼다. 루시드 드림이 가능한 이유다.

꿈의 배경

꿈 해석하기

꿈의 메세지

실천 계획

55

☆☆☆☆☆

날짜	.	.	시	AM PM	기분 날씨	☀ ○○○○○ ☁

꿈 내용 / 꿈 그림

인상적인 장면

등장 인물   중심 오브제

꿈의 키워드   질문

의식과 기억을 믿지 마라.
나는 내가 조작하는 대로 잊는다.

꿈의 배경

꿈 해석하기

꿈의 메세지

실천 계획

56
☆☆☆☆☆

날짜	·	·	시	AM	기분 날씨	☼ ○○○○○ ☁
				PM		

꿈 내용 / 꿈 그림

인상적인 장면

등장 인물

중심 오브제

꿈의 키워드

질문

꿈은 망각이 기억으로 변신하는 마술이다.

꿈의 배경

꿈 해석하기

꿈의 메세지

실천 계획

57

☆☆☆☆☆

| 날짜 | . | . | 시 | AM
PM | 기분 날씨 | ☼ ○○○○○ ☁ |

꿈 내용 / 꿈 그림

인상적인 장면

등장 인물 중심 오브제

꿈의 키워드 질문

꿈은 억압된 것들이 회귀하는 장소다.

꿈의 배경

꿈 해석하기

꿈의 메세지

실천 계획

58

☆☆☆☆☆

날짜	.	.	시	AM PM	기분 날씨	☀ ○○○○○ ☁

꿈 내용 / 꿈 그림

인상적인 장면

등장 인물

중심 오브제

꿈의 키워드

질문

잃어버린 기억을 찾아 당신의 꿈을 방문하라.

꿈의 배경

꿈 해석하기

꿈의 메세지

실천 계획

59

☆☆☆☆☆

| 날짜 | . | . | 시 | AM
PM | 기분 날씨 | ☀ ○○○○○ ☁ |

꿈 내용 / 꿈 그림

인상적인 장면

등장 인물

중심 오브제

꿈의 키워드

질문

꿈속에서 우리는 내 안의 어린 나를 만난다.

꿈의 배경

꿈 해석하기

꿈의 메세지

실천 계획

60

☆☆☆☆☆

날짜	.	.	시	AM	기분 날씨
				PM	

☀ ○○○○○ ☔

꿈 내용 / 꿈 그림

인상적인 장면

등장 인물   중심 오브제

꿈의 키워드   질문

꿈은 과거를 바꿀 수 있는 신비한 공간이다.

꿈의 배경

꿈 해석하기

꿈의 메세지

실천 계획

61

☆☆☆☆☆

| 날짜 | . | . | 시 | AM
PM | 기분 날씨 | ☼ ○○○○○ ☁ |

꿈 내용 / 꿈 그림

인상적인 장면

등장 인물

중심 오브제

꿈의 키워드

질문

꿈은 창조 노트다.
나는 그곳에 말과 사물과 사람과 심상을 창조한다.

꿈의 배경

꿈 해석하기

꿈의 메세지

실천 계획

62

☆☆☆☆☆

날짜	.	.	시	AM PM	기분 날씨	☀ ○○○○○ ☁

꿈 내용 / 꿈 그림

인상적인 장면

등장 인물   중심 오브제

꿈의 키워드   질문

우리는 꿈을 준비할 수 있다.
내 선택과 결단과 행동에 따라 꿈의 맥이 결정된다.

___

꿈의 배경

___

꿈 해석하기

___

꿈의 메세지

___

실천 계획

___

63

☆☆☆☆☆

| 날짜 | . | . | 시 | AM
PM | 기분 날씨 | ☀ ○○○○○ ☁ |

꿈 내용 / 꿈 그림

인상적인 장면

등장 인물   중심 오브제

꿈의 키워드   질문

꿈은 새로운 현실의 출발점이다.

꿈의 배경

꿈 해석하기

꿈의 메세지

실천 계획

64

☆☆☆☆☆

날짜　　　　　.　　　　.　　　　시　AM　　　기분 날씨　☀ ○○○○○ ☁
　　　　　　　　　　　　　　　　　　　PM

꿈 내용 / 꿈 그림

인상적인 장면

등장 인물　　　　　　　　　　　　중심 오브제

꿈의 키워드　　　　　　　　　　　질문

'내 해석이 옳은가'는 적절한 질문이 아니다.
그보다 '내 해석이 나를 변화시키는가'라고 물어야 한다.

꿈의 배경

꿈 해석하기

꿈의 메세지

실천 계획

65

☆☆☆☆☆

날짜   .   .   시   AM   기분 날씨   ☀ ○○○○○ ☁

꿈 내용 / 꿈 그림

인상적인 장면

등장 인물	중심 오브제

꿈의 키워드	질문

우리가 의지와 선택과 결단과 결정과 책임을 회피한다면,
꿈은 영원히 현실을 만나지 못하게 된다.

꿈의 배경

꿈 해석하기

꿈의 메세지

실천 계획

66

☆☆☆☆☆

| 날짜 | . | . | 시 | AM
PM | 기분 날씨 | ☀ ○○○○○ ☂ |

꿈 내용 / 꿈 그림

인상적인 장면

등장 인물　　　　　　　　　　**중심 오브제**

꿈의 키워드　　　　　　　　　　**질문**

치유적인 꿈은 메가톤급 항우울제이다.

꿈의 배경

꿈 해석하기

꿈의 메세지

실천 계획

67
☆☆☆☆☆

날짜	·	·	시	AM PM	기분 날씨	☀ ○○○○○ ☁

꿈 내용 / 꿈 그림

인상적인 장면

등장 인물   중심 오브제

꿈의 키워드   질문

꿈은 상담실이다.
우리는 그곳에서 연애, 부부관계, 자녀 문제를 상담받는다.

꿈의 배경

꿈 해석하기

꿈의 메세지

실천 계획

68

☆☆☆☆☆

| 날짜 | . | . | 시 | AM
PM | 기분 날씨 | ☀ ○○○○○ ☁ |

꿈 내용 / 꿈 그림

인상적인 장면

등장 인물   중심 오브제

꿈의 키워드   질문

꿈은 족집게 과외다.
꿈은 우리 삶의 문제를 집어내고 답을 알려준다.

꿈의 배경

꿈 해석하기

꿈의 메세지

실천 계획

69
☆☆☆☆☆

날짜	.	.	시	AM PM	기분 날씨

☀ ○○○○○ 🌧

꿈 내용 / 꿈 그림

인상적인 장면

등장 인물

중심 오브제

꿈의 키워드

질문

꿈이 제일 싫어하는 사람은 맹목적으로 꿈을 따르는 사람이다.
꿈은 보여주고, 선택은 내가 한다.

꿈의 배경

꿈 해석하기

꿈의 메세지

실천 계획

70

☆☆☆☆☆

날짜	.	.	시	AM PM	기분 날씨	☀ ○○○○○ ☁

꿈 내용 / 꿈 그림

인상적인 장면

등장 인물

중심 오브제

꿈의 키워드

질문

꿈은 하나의 세계이다. 그 세계 역시 언어로 이루어져 있다.
우리의 삶이 언어와 함께 시작되었기 때문이다.

꿈의 배경

꿈 해석하기

꿈의 메세지

실천 계획

71

☆☆☆☆☆

| 날짜 | . | . | 시 | AM PM | 기분 날씨 | ☼ ○○○○○ ☁ |

꿈 내용 / 꿈 그림

인상적인 장면

등장 인물

중심 오브제

꿈의 키워드

질문

꿈은 신화와 같은 언어를 사용한다.

꿈의 배경

꿈 해석하기

꿈의 메세지

실천 계획

72

☆☆☆☆☆

날짜	.	.	시	AM PM	기분 날씨	☀ ○○○○○ ☁

꿈 내용 / 꿈 그림

인상적인 장면

등장 인물

중심 오브제

꿈의 키워드

질문

꿈은 현실과 신화가 조우하는 경계이다.

꿈의 배경

꿈 해석하기

꿈의 메세지

실천 계획

73

☆☆☆☆☆

날짜	.	.	시	AM PM	기분 날씨	☼ ○○○○○ ☁

꿈 내용 / 꿈 그림

인상적인 장면

등장 인물   중심 오브제

꿈의 키워드   질문

꿈은 비논리적인 조각들의
논리적 결합에 의해 생성된다.

꿈의 배경

꿈 해석하기

꿈의 메세지

실천 계획

74

☆☆☆☆☆

| 날짜 | . | . | 시 | AM
PM | 기분 날씨 | ☀ ○○○○○ 🌧 |

꿈 내용 / 꿈 그림

인상적인 장면

등장 인물

중심 오브제

꿈의 키워드

질문

신화는 혼돈에서 세상이 태어나는 과정을 이야기해준다.
꿈은 신화와 같은 방식으로 마음에 질서를 불어넣는다.

꿈의 배경

꿈 해석하기

꿈의 메세지

실천 계획

75

☆☆☆☆☆

| 날짜 | . | . | 시 | AM
PM | 기분 날씨 | ☀ ○○○○○ ☁ |

꿈 내용 / 꿈 그림

인상적인 장면

등장 인물

중심 오브제

꿈의 키워드

질문

꿈꾸기 위해 더 많이 경험하라.
어젯밤 꿈도, 미래의 꿈도 달라질 것이다.

꿈의 배경

꿈 해석하기

꿈의 메세지

실천 계획

76

☆☆☆☆☆

날짜	.	.	시	AM PM	기분 날씨	☀ ○○○○○ ☁

꿈 내용 / 꿈 그림

인상적인 장면

등장 인물

중심 오브제

꿈의 키워드

질문

경험은 꿈속에 심는 씨앗이다.

꿈의 배경

꿈 해석하기

꿈의 메세지

실천 계획

77

☆☆☆☆☆

날짜	.	.	시	AM	기분 날씨	
				PM		

꿈 내용 / 꿈 그림

인상적인 장면

등장 인물　　　　　　　　　　　중심 오브제

꿈의 키워드　　　　　　　　　　질문

꿈은 마음의 정원이다.
마음의 정원을 돌보기 시작하면 현실에서 결실을 맺게 된다.

꿈의 배경

꿈 해석하기

꿈의 메세지

실천 계획

78

☆☆☆☆☆

날짜	.	.	시	AM PM	기분 날씨	☀ ○○○○○ ☁

꿈 내용 / 꿈 그림

인상적인 장면

등장 인물

중심 오브제

꿈의 키워드

질문

우리의 가치와 주관과 스타일이 지속된다는 면에서
꿈은 현실의 다른 이름이다.

꿈의 배경

꿈 해석하기

꿈의 메세지

실천 계획

79

☆☆☆☆☆

날짜	.	.	시	AM PM	기분 날씨	☀ ○○○○○ ☁

꿈 내용 / 꿈 그림

인상적인 장면

등장 인물   중심 오브제

꿈의 키워드   질문

꿈속 죽음을 겁내지 마라.
모두 나를 살리기 위해 꿈이 구상한 전략이다.

꿈의 배경

꿈 해석하기

꿈의 메세지

실천 계획

80

☆☆☆☆☆

| 날짜 | . | . | 시 | AM
PM | 기분 날씨 | ☀ ○○○○○ ☁ |

꿈 내용 / 꿈 그림

인상적인 장면

등장 인물

중심 오브제

꿈의 키워드

질문

꿈을 겁내지 마라. 꿈은 공격하지 않는다.
꿈은 우리를 보살핀다.

꿈의 배경

꿈 해석하기

꿈의 메세지

실천 계획

81

☆☆☆☆☆

날짜	.	.	시	AM PM	기분 날씨	☀ ○○○○○ ☁

꿈 내용 / 꿈 그림

인상적인 장면

등장 인물

중심 오브제

꿈의 키워드

질문

해석과 의미는 마음을 치유한다.
꿈을 해석해야 하는 이유다.

꿈의 배경

꿈 해석하기

꿈의 메세지

실천 계획

82

☆☆☆☆☆

| 날짜 | . | . | 시 | AM PM | 기분 날씨 | ☀ ○○○○○ ☁ |

꿈 내용 / 꿈 그림

인상적인 장면

등장 인물   중심 오브제

꿈의 키워드   질문

사람의 손길은 혼돈에 이야기의 길을 만든다.
그것이 꿈 해석이다.

꿈의 배경

꿈 해석하기

꿈의 메세지

실천 계획

83

☆☆☆☆☆

날짜	.	.	시	AM	기분 날씨	☀ ○○○○○ ☁
				PM		

꿈 내용 / 꿈 그림

인상적인 장면

등장 인물

중심 오브제

꿈의 키워드

질문

모든 꿈은 베일에 싸여 있다.
해석으로 그 베일을 들추면 꿈의 생각이 드러난다.

꿈의 배경

꿈 해석하기

꿈의 메세지

실천 계획

84

☆☆☆☆☆

| 날짜 | . | . | 시 | AM PM | 기분 날씨 | ☀ ○○○○○ ☁ |

꿈 내용 / 꿈 그림

인상적인 장면

등장 인물   중심 오브제

꿈의 키워드   질문

꿈 해석은 과학이다.
직관적으로 이해할 수 없기에 수학적 정밀함으로 분석해야 한다.

꿈의 배경

꿈 해석하기

꿈의 메세지

실천 계획

85

☆☆☆☆☆

| 날짜 | . | . | 시 | AM PM | 기분 날씨 | ☀ ○○○○○ ☁ |

꿈 내용 / 꿈 그림

인상적인 장면

| 등장 인물 | 중심 오브제 |

| 꿈의 키워드 | 질문 |

꿈은 울지 못하는 이를 울게 한다.
꿈은 상실을 애도하는 공간이다.

꿈의 배경

꿈 해석하기

꿈의 메세지

실천 계획

86

☆☆☆☆☆

날짜	.	.	시	AM	기분 날씨
				PM	☀ ○○○○○ ☁

꿈 내용 / 꿈 그림

인상적인 장면

등장 인물   중심 오브제

꿈의 키워드   질문

꿈속 괴물을 처단해서는 안 된다.
괴물의 사정을 살펴야 한다.

꿈의 배경

꿈 해석하기

꿈의 메세지

실천 계획

87

☆☆☆☆☆

날짜	.	.	시	AM PM	기분 날씨	☀ ○○○○○ ☁

꿈 내용 / 꿈 그림

인상적인 장면

등장 인물   중심 오브제

꿈의 키워드   질문

꿈에 나타난 귀신이 무서운 이유는,
그것이 내면의 형상이기 때문이다.

꿈의 배경

꿈 해석하기

꿈의 메세지

실천 계획

88

☆☆☆☆☆

날짜	.	.	시	AM PM	기분 날씨	☀ ○○○○○ ☁

꿈 내용 / 꿈 그림

인상적인 장면

등장 인물

중심 오브제

꿈의 키워드

질문

꿈속에서는 더러운 것과 깨끗한 것,
천한 것과 숭고한 것,
추한 것과 아름다운 것이 한데 어우러진다.

꿈의 배경

꿈 해석하기

꿈의 메세지

실천 계획

313

89

☆☆☆☆☆

날짜	.	.	시	AM PM	기분 날씨	☼ ○○○○○ ☁

꿈 내용 / 꿈 그림

인상적인 장면

등장 인물

중심 오브제

꿈의 키워드

질문

꿈은 상처와 시간을 버무려
지혜라는 진주를 만든다.

꿈의 배경

꿈 해석하기

꿈의 메세지

실천 계획

90

☆☆☆☆☆

날짜	.	.	시	AM PM	기분 날씨	☀ ○○○○○ 🌧

꿈 내용 / 꿈 그림

인상적인 장면

등장 인물   중심 오브제

꿈의 키워드   질문

우리가 성장하듯 꿈도 분화한다.

꿈의 배경

꿈 해석하기

꿈의 메세지

실천 계획

91

☆☆☆☆☆

날짜	.	.	시	AM PM	기분 날씨	☼ ○○○○○ ☁

꿈 내용/꿈 그림

인상적인 장면

등장 인물   중심 오브제

꿈의 키워드   질문

꿈은 내가 쓰고 연출하고 연기한 영화다.

꿈의 배경

꿈 해석하기

꿈의 메세지

실천 계획

92

☆☆☆☆☆

| 날짜 | . | . | 시 | AM
PM | 기분 날씨 | ☀ ○○○○○ ☁ |

꿈 내용 / 꿈 그림

인상적인 장면

등장 인물

중심 오브제

꿈의 키워드

질문

꿈과의 대화는 우리의 마음을
분열에서 통합으로 이끈다.

꿈의 배경

꿈 해석하기

꿈의 메세지

실천 계획

93

☆☆☆☆☆

날짜	.	.	시	AM	기분 날씨	☀ ○○○○○ 🌧
				PM		

꿈 내용 / 꿈 그림

인상적인 장면

등장 인물   중심 오브제

꿈의 키워드   질문

사람들은 결과와 현상으로 나를 평가하지만,
꿈은 내 가능성으로 나를 평가한다.

꿈의 배경

꿈 해석하기

꿈의 메세지

실천 계획

94

☆☆☆☆☆

| 날짜 | . | . | 시 | AM PM | 기분 날씨 | ☀ ○○○○○ 🌧 |

꿈 내용 / 꿈 그림

인상적인 장면

등장 인물

중심 오브제

꿈의 키워드

질문

내가 내 몸에게 참으라고 윽박지르면 몸은 꿈을 통해 저항한다.
내가 꿈의 목소리를 듣지 못하면 몸은 병으로 말한다.

꿈의 배경

꿈 해석하기

꿈의 메세지

실천 계획

95

☆☆☆☆☆

날짜	.	.	시	AM PM	기분 날씨	☀ ○○○○○ ☁

꿈 내용 / 꿈 그림

인상적인 장면

등장 인물   중심 오브제

꿈의 키워드   질문

안 자고 안 먹고 안 쉬면서 참기만 하면
꿈은 바로 경고 카드를 꺼내 든다.

꿈의 배경

꿈 해석하기

꿈의 메세지

실천 계획

96

☆☆☆☆☆

날짜	.	.	시	AM PM	기분 날씨	☀ ○○○○○ ☁

꿈 내용 / 꿈 그림

인상적인 장면

등장 인물

중심 오브제

꿈의 키워드

질문

우리는 모두 꿈 치료사가 되어야 한다.
꿈과의 대화는 언제나 우리를 치유한다.

꿈의 배경

꿈 해석하기

꿈의 메세지

실천 계획

97

☆☆☆☆☆

날짜	.	.	시	AM PM	기분 날씨	☀ ○○○○○ ☁

꿈 내용 / 꿈 그림

인상적인 장면

등장 인물

중심 오브제

꿈의 키워드

질문

기대할 것이 생기고, 기뻐할 일이 많아지면,
꿈도 나와 함께 축배를 든다.

꿈의 배경

꿈 해석하기

꿈의 메세지

실천 계획

98

☆☆☆☆☆

| 날짜 | . | . | 시 | AM
PM | 기분 날씨 | ☀ ○○○○○ ☁ |

꿈 내용 / 꿈 그림

인상적인 장면

등장 인물   중심 오브제

꿈의 키워드   질문

꿈 일기는 자연 치유를 위한 첫걸음이다.

꿈의 배경

꿈 해석하기

꿈의 메세지

실천 계획

99

☆☆☆☆☆

| 날짜 | . | . | 시 | AM PM | 기분 날씨 | ☀ ○○○○○ ☁ |

꿈 내용 / 꿈 그림

인상적인 장면

등장 인물

중심 오브제

꿈의 키워드

질문

어젯밤 꿈은
내가 꿈꾸는 미래를 위한 동력이다.

꿈의 배경

꿈 해석하기

꿈의 메세지

실천 계획

100

☆☆☆☆☆

날짜		.	.	시	AM PM	기분 날씨	☼ ○○○○○ ☁

꿈 내용 / 꿈 그림

인상적인 장면

등장 인물   중심 오브제

꿈의 키워드   질문

꿈이 현재를 근거로 내 미래에 대해 조언한다는 점에서,
모든 꿈은 예지몽이다.

꿈의 배경

꿈 해석하기

꿈의 메세지

실천 계획

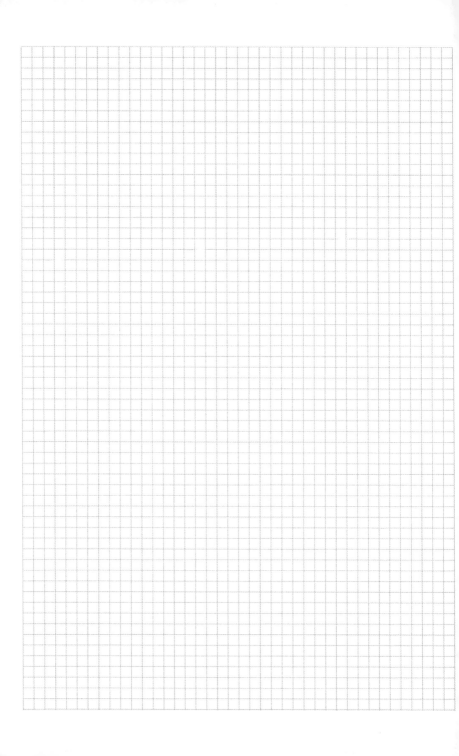

김서영

영국 세필드대학교 정신과 심리치료연구센터에서 석·박사 학위를 받았다. 현재 광운대학교 인제니움학부대학 교수로 재직 중이다. 지은 책에 《영화로 읽는 정신분석 : 김서영의 치유하는 영화읽기》, 《프로이트의 환자들 : 정신분석을 낳은 150가지 사례 이야기》, 《내 무의식의 방 : 프로이트와 융으로 분석한 100가지 꿈 이야기》, 《프로이트의 〈꿈의 해석〉: 무의식에 비친 나를 찾아서》, 《프로이트의 편지 : 새로운 삶을 위한 동일시 이야기》가 있고, 옮긴 책에 《라캉 읽기》, 《에크리 읽기 : 문자 그대로의 라캉》, 《시차적 관점》이 있다.

드림 저널 나를 변화시키는 100일의 꿈 일기

초판 1쇄 인쇄 2017년 11월 23일
초판 1쇄 발행 2017년 11월 29일

지은이 김서영
펴낸이 연준혁
편집인 김정희
책임편집 김경은
디자인 송윤형

펴낸곳 로고폴리스
출판등록 2014년 11월 14일 제 2014-000213호
주소 경기도 고양시 일산동구 정발산로 43-20 센트럴프라자 6층
전화 (031)936-4000 팩스 (031)903-3895
홈페이지 www.logopolis.co.kr 전자우편 logopolis@naver.com
페이스북 www.facebook.com/logopolis123 트위터 twitter.com/logopolis3

값 17,500원 ISBN 979-11-86499-76-4 03180

이 도서의 국립중앙도서관 출판예정도서목록(CIP)은 서지정보유통지원시스템 홈페이지(http://seoji.nl.go.kr)와 국가자료공동목록시스템(http://www.nl.go.kr/kolisnet)에서 이용하실 수 있습니다. (CIP제어번호 : 2017030590)